宋 歐陽修 宋祁 撰

新唐書

第一一册

卷七五至卷七九（表傳）

中華書局

唐書卷七十五上

表第十五上

宰相世系五上

敬氏出自嬀姓。陳厲公子完適齊，謚曰敬仲，子孫以謚爲氏。敬仲之後至秦有敬丕，丕生歆，爲河東太守，子孫因官家焉。裔孫韶，漢末爲揚州刺史，生昌，封猗氏侯。昌生歸。

歸，南涼枹罕太守。
頻，後魏北絳太守。
顯儁字孝英，北齊僕射、永安侯。
長瑜，合州刺史。
德亮，隋尚書郎。

法延。

仁綱。

彥琮，愛州刺史。

山松，澄城令。

暉字仲讓，尚舍奉御。

暐，相中宗。

誠，右衛大將軍。

詢，比部員外郎。

謹，主客員外郎。

暉曾孫元膺，河南丞。

	法朗。			
				肅字弘儉，隋潁川郡丞。
				祀，許州司馬。
	君弘，右衞將軍、黔昌公。		播，給事中。	則，臨汾令。
		昭道。		德，祕書郎。
仙客，蔚州刺史。		羽，道州刺史。	悱，虞部員外郎。	揖字伯謙，太子家令。
			挺，三原尉。生寔。	寔，大理評事。

	擢。	括字叔謇，大理弓，御史司直。大夫，謚曰獻。		
寓，河清尉。			密，渠州刺史。生昈，字日休。	寬，太子詹事。四子：昕字

曰觀，皞字曰新，並右散騎常侍；晦字曰彰，太子賓客；煦字曰疆。昕生蒙，字子正，漳浦尉。晦六子：湘，盧州刺史；沆，易定觀

察支使；潾，宣城尉；澥，隴州防禦判官；淑，鳳翔參軍；沅，溧水尉。	鬻，建州刺史。二子：晤，北都留守判官；晊，江西觀察推官。

		撫，太子舍人。
晤生檖，鴻臚丞。檖生館，館生沼。	安，大理評事。	

敬氏宰相一人。暉。

桓氏出自姜姓。齊桓公之後，以謚爲氏。又云，出自子姓，宋桓公之後向魋，亦號桓氏。後漢有太子少傅桓榮，世居譙國龍亢。榮八世孫彝，晉宣城內史。五子：雲、温、豁、祕、沖。

沖，荊州刺史、豐城公，生嗣、謙、修。修，晉護軍將軍、長社侯，過江居丹楊。生尹，尹生崇之，崇之七世孫法嗣。

法嗣，鄅王府諮議參軍。	思敏，少府丞。	彥範，相中宗。									
		臣範，京兆尹。	庭昌，刑部郎中。								

桓氏宰相一人。彥範。

祝氏出自姬姓。周武王克商，封黃帝之後於祝，後爲齊所幷，其封域至齊之間祝阿、祝丘是也。後漢有司徒恬，孫羲生廣，廣爲始平太守，子孫留家焉。生魏太中大夫仍，仍生諶，晉驃騎府司馬。諶生偃，散騎常侍，以平關中兵寇，封始平縣伯。生瑜，瑜生熙，熙生寶，三世襲封。二子：老、歸。老，後魏輔國將軍、中外都督。二子：猷、俟。

倏，後魏中散大夫、博平縣侯。

昭。

統字文宗，後周武平令，襄侯。

臧字伯良。

嘉字仲良。

綝字叔良，峽州司法參軍。

玄珪字文命，修武令。

欽明字文思，相中宗。

駰。

祝氏宰相一人。欽明。

紀氏出自姜姓。炎帝之後封於紀，侯爵，爲齊所滅，因以國爲氏。隋有司農少卿和整，世居天水上邽，生士騰。

士騰，隋翼州刺史。	儀，雍州司倉參軍。	先知，御史中丞。	黃中。
		全經，戶部郎中。	謙。
			咸。
	及，廓州刺史。	處訥，相中宗。	

紀氏宰相一人。處訥。

鄭氏出自姬姓。周厲王少子友封於鄭，是爲桓公，其地華州鄭縣是也。生武公，與晉文侯夾輔平王，東遷于洛，徙溱、洧之間，謂之新鄭，其地河南新鄭是也。十三世孫幽公爲韓所滅，子孫播遷陳、宋之間，以國爲氏。幽公生公子魯，魯六世孫榮，號鄭君，生當時，漢大司農，居滎陽開封。生韜，韜生江都守仲，仲生房，房生趙相季，季生議郎奇。奇生稚，漢末自陳居河南開封，晉置滎陽郡，遂爲郡人。稚生御史中丞賓，賓生興，字贛，蓮勺令。興生眾，字仲師，大司農。眾生城門校尉安世，安世生騎都尉綝，綝生上計掾熙，熙二子：泰、渾。渾，魏少府大匠。渾生崇，晉荊州刺史。崇生涵，涵生隨，扶風太守。隨生趙侍中略，略六子：翳、豁、淵、靜、悅、楚。豁字君明，燕太子少傅、濟南公，生温。温四子：濤、曄、簡、恬。濤居隴西。曄，後魏建威將軍、南陽公，爲北祖。簡爲南祖。恬爲中祖。曄生中書博士茂，一名小白，七子：白麟、胤伯、叔夜、洞林、歸藏、連山、幼麟，因號「七房鄭氏」。大房白麟後絕，第三房叔夜後無聞。

胤伯，後魏鴻臚少卿。	希儁，州主簿。	道育。	德政。	玄嶐，蒲圻令。	楚基，青州司馬。	文權，栝蒼丞。	望。				
							仙，饒州長史。	迪，棘城尉。			

				知節，渤海令。				
	仁璀，安平丞。仙居，光祿寺丞。九皋，徐王功曹參軍。			休文。				
楚。				洮，封丘丞。			淳，益都丞。	
		幼奇。		萬石。	黃通。	黃裳。	彥甫。	夷甫。
		廣壽。	廣名。					

								潤甫。			
								山甫。			
								瑩甫。			
								琇甫。			
							滔。				
						休鄰，徐城令。	岸，魯山丞。				
							岧。				
							岌。				
							崖。				
						休徵，封丘丞。	徵。				

1	2	3	4	5	6	7	8	9	10
玄珽，翼水大力，一審。令。									
名延嗣，攸丞。									
						續，比部郎中。			
荀鶴，密閔，秦州州司倉司馬。參軍。		卓然，新閬。	鄉令。			展，虢州長史。		闌。	選。
	閈。			閑。	闉。	增。	鷳。		

			子質。	德脩，固安令。		
玄珪。				元將，武昌令。		
延州，寧州司馬。				宣道，雍州司法參軍。		
春卿，汴州功曹參軍。		叔卿。		愛同，澤州參軍。		神力，侍御史。
鄒，湖州兵曹參軍。	鶴。	貽孫。		元簡，聞喜主簿。		觀喬，方輿令。
	小寶，海陵尉。	小觀。		鴻。	鸞。	歇明。

							元器，易州倉曹參軍。
						智藏。	崇慶。
	含章，滑州司士參軍。			日休，曲沃令。		敬之。	琮。
	萱，松陽令。			調。	諗。		讓。
藏明。	鵬。	鶚。	鵙。				

克禮，滑州戶曹參軍。	喜，棗彊丞。					睿。
	鷗。					
	坦。	昇，定州法曹參軍。	峘，內丘丞。	昱。	峴。	

	元鞠。		脩松，一名元宗，莘令。				
崇業。	知運。		進思，句容尉。				
令安。	琨。		茂先，安陸尉。				
	胤，獻陵令。	敦佺。	揚名，渝州司馬。			光輔，豐城尉。	濤。
			昌。	暈，滑州參軍。	旻。	宰。	

			退思，長葛令。			
	敬賓。		茂實，撫州錄事參軍。			
抱劍，海州司戶參軍。	環。	茵。	幼睦，餘干尉。			
台。			換。	據。	摠。	抒，湖城令。

偃，郯城令。
札。

援，上元主簿。
承。

偘，汲丞。
勸。
玉山。

伾。
揀。

操。

瓘，登州戶曹參軍。
守廣，州司倉參軍。
昇早，六合尉。
子中。

杲。

免。
建。

		言思，泗州刺史。			
		琇，霍丘令。			
翊，宋州司兵參軍。	潤。	蕙。		荃，潁王府胄曹參軍。	
異，扶溝尉。	潁子。	震。	惲。	亘，屯留丞。	嬰，大理評事。

		僑，通川令。			植，壁州刺史。
豐，正平令。	鎰，黃梅丞。	賁。	忠恕，吳令。	韶舟，南宮尉。	惲，蒲州參軍。
小諦，神童出身。	最新。	良賓。		有悌。	

				懷隱，齊州刺史。		
	若，代州參軍。	華，南陵令。		縯。		芬，鹿城令。
怦，湘潭令。		宥，博州參軍。	宇。	邈。	造。	

	球，歷城令。			行思，臨汾主簿。			
紃，魯山令。	萬，緱氏丞。	藝。	翮。	沛，原武令。	如玉，撫州長史。		
邁。				友義，一名堅。	暈，荊州錄事參軍。	士宗。	術。
						閎子。	

	滸，華州司士參軍。	淑，新鄉丞。	玘，一名綺。				
文宗。		敦伶。	弇。		長詢，江都丞。		
		懿。	遂。	連。	從正。	汝爲。	汝良。

								汝弼。	
								汝方。	
							贊，懷州倉曹參軍。		
							準，揚子丞。	自皦。	
								自寬。	
							申，滎澤尉。		
					延徽，翼城令。	澤。	釗。		
							銑。		

	璬，昭義主簿。			元叶，房州司馬。			
幼成。	扎。	說，長洲尉。	楚，潭州參軍。	芝，監察御史。	萱。	芷。	著。

				勤思，項城令。		
孚。			琳，文州錄事參軍。	隨武，西城尉。		如琨。
晉客，清溪令。	勵。	蓁。	藺，廣州參軍。	介，歷城尉。	合。	翰。

子裕，武康太守。						
弘諒，涇州司法參軍。						
仁儉，壽春令。						再思，一名崇順，鄆州刺史。
思敏，餘杭尉。	象初。	岑，司門郎中。		岌，芮城丞。		嵩，涇州錄事參軍。
令秀。			犀。	仲适，涇尉。	子猛。	子明。
光應。				宰。		

仁愷，密州刺史。					
愛客，貝州刺史。				秦客，澤州司馬。	齊客，齊州司馬。
令同，沂州司馬。			令實，澤州司士參軍。	令一，介休主簿。	庭玉，復州刺史。
光訓。	光誼，丞。			薷。	膺夢，司農主簿。
纘。	翬綸。	絢。			駼，太原府參軍。

					知十，永年令。
					延業，宣州司戶參軍。
	周，一名膺絲。		膺石，一名漢，少府丞。		光賓。
駒。	驤。	驥。	駒。	騏。	
路。					
潑字頌文。					

延祚，楚州司馬。	光國。	孟嘗。
	光振，廬州錄事參軍。	求道。
	光裔，左驍衛倉曹參軍。	
令則，金鄉令。	光系，蒲圻尉。	
令構，遂州長史。	光鄰，河間丞。	

			洪，一名令從，符離令。盧客，臨汾令。		
				令源，鹽州團練判官。	令球。
光昭，餘姚尉。	光宗，果州別駕。	光贊。			

							令譔，潁州司功參軍。	光襲，汝州錄事參軍。			
								光紹，滁州司戶參軍。			
								光林。			
								光儀。			
								光被。			
							令瑜，汴州參軍。	成溢，信王府參軍。			

越客，一名固忠，工部侍郎。				慈明，豪州刺史。	
令琨，太僕寺主簿。		令詵。		令璋，申州兵曹參軍。	令璡，左司郎中、國子祭酒。
季良，澧陽尉。	惟清。	光進。	光遂。		受，京兆府參軍。
					權，萬年令。

			邠卿，宋州刺史。	信卿，武城令。		
				令超，頓丘令。		
萬。	甫，舒州刺史。			黃通，清流令。	溢，合肥尉。	成孫，陽翟尉。
載。	逌，右衞率府倉曹參軍。	奉。				

				子柔，合州別駕。	
				師萬，靈山令。	
				依仁。	依義，湘鄉令。
					允恭，潞州錄事參軍。
		令望，滑州司馬。			東里，陽翟尉。
有，鄆城尉。	申，京兆府司兵參軍。	豫，太康尉。	鼎。		之均，匡城尉。

						南郭，陽翟尉。
之久，臨邑尉。	之峻，安豐丞。			之成，豫州參軍。	之秀，豫州參軍。	之象，陳州司兵參軍。
	偲。	修。	克濟。			

						穆先，隋夷陵令。
						弘幹，鼓城尉。
		依禮。	依智，偃師尉。			思玄，沁州司馬。
			允元，來庭尉。	允貞，登封令。		瓘，河南少尹。
			良，伊陽尉。	常，鳳翔司戶參軍。	長。	溥，左庶子。
之相。	之尚，鍾山尉。		之英，武德尉。		之衆。	華，太常博士。

								聿，陽翟尉。			
								平，吉州刺史。	壽孫。		
							洌，鞏丞。	杞，江都尉。	暐，華陰尉。		
									暭。		
									晫。		
								申，魯山令。			
								卑，常州參軍。	魴字嘉魚。		

				德英。	弘簡，鄠丞。
	思靜。			嘉瞻，合肥令。	崇由，周令。
	玠。	璥。		知微，大理司直。	昺，歷城丞。
		兢，下邑令。		邃，武康令。	遵悌。
閱，殿中侍御史。		舉，易州參軍。	翬。		
			黃中，洪洞尉。		

暹，長山主簿。	昇，穀熟令。				昂，長河令。
愛，汝州司士參軍。	韶，鉅鹿尉。	遵憲，蓬萊令。	庭璘。	巨，廣州司法參軍。	發，武城尉。
芳，潞州司兵參軍。	常。	順。			方回。
鎮。					

		九辨，安平令。				
		宏之，定州刺史。				
損，蓨尉。	利，資陽令。	超，奉先尉。	庭休，益州司士參軍。	賁，許州刺史。	巽。	豐，銅鞮尉。
		迪。		迡，浚儀尉。	興門。	棨門。

						景。	進。	燕。			
								宥。			
							遵意，易州刺史。	良輔，相州司馬。			
							遵古，中郎將。				
							回。				
						清一。	臨。				
							丘。	宅栩。			
							顏，太子舍人。	大聰。			
						澄一。	子哲。				

幼儒，後魏侍中。							
敬道，開州刺史。							
正則，復州刺史。							
孝謨。			孝徹。			德峯，通事舍人。	
行信。			行瑜。		行琳。	行善，廬州司馬。	
拯。	貞。		元果。		處寂。	思挹，和州別駕。	
言。	如珪。	如璋。	光復。	光庭，海州倉曹參軍。		緒。	
						環。	珙。

緯，豪州法曹參軍。		繹，巴州錄事參軍。				紀。	綝，洛水尉。
瑱。	美秀。	琬。	璆。	瑍。	琪。		
	延惠。	興嗣。					

			行之，亳州刺史。			
	思本，婺州司法參軍。		思宗，潞州錄事參軍。	思莊，孝義丞。		
縝。	緘。	綜。	紹，金鄉丞。	績，義陽丞。		
	楷，沂州司戶參軍。		銑，襄州參軍。	懌，潁陽丞。		憬，沛令。
				遇。	遵。	
					天雄。	

		德秀，江陵令。		
		行邕，荆王府參軍。		
	思齊，秋官員外郎。	元祥。		
		茂先。	叔丘，雍州錄事參軍。	季立。
愉，長城令。			彭祖。	

行潁，衞州司馬。						
元祚。	元裕，柏仁令。				元哲，儀王文學。	
履貞。	履信，鄗令。		履讓，博州長史。	履義。	履順，代州參軍。	方說。
公幹。	公器。	公才。		公舉，鄆州司戶參軍。	公瑱，潞州參軍。	公瓊。

		行欽，合州長史。			
		遠，河內令。			
		子良，信王府文學參軍。		子展，郾城令。	子產，汴州司士參軍。
公瑜。	公璠。	寬，洛陽尉。	恕，成武尉。	咸，盛唐令。	盛，遂安尉。
					從長。

元祐，洹水令。				
子昂，建州司法參軍。			子晏，相州司法參軍。	
棻。	榮，河中倉曹參軍。	茱，郊社丞。	彙。	集。

	德挺。			
	行純，滑州長史。	行頵。	行倫，宿預令。	
思訓，雷澤令。	守素，左清道細引。	恭先，合州功曹參軍。	宗先，洵陽令。	紹先，溫州司馬。
子罕。	昌期。	恆，左清道率府率。		暴。
	論。	幹。		

							德本，晉州長史。
							行表，鄧州司馬。
崇先，冀州功曹參軍。			景先，饒州戶曹參軍。				炯，劍州長史。
昱。	晁。	暈。	偁。	偃。	倨。	伋。	處己。
							才子。

							燿，密令。
庭珍，鹿邑令。			羽客。			佺期。	虛受，太康令。
渾，左清道錄事參軍。	湜，浚儀丞。	潤，汴州參軍。	百宜。	千宜。	萬宜。		濬。

					熺，邵州倉曹參軍。
虛舟，德州司戶參軍。	虛心，亳州倉曹參軍。			虛白。	昌庭。
漸，恆州參軍。	涉，枝江丞。	洽。	泌。		
	鳳池。				

燧，溍陽令。				炫，左司禦率。			
庭芳。	庭璥。	庭玢。	庭珪。	過庭，翬洛府別將。	光庭，貝州參軍。		據。
					銳，洛陽尉。		
					慈明。	季方。	

	行質，柏仁令。	行儼，汲令。				
焯，邢州功曹參軍。		守忠，劍州功曹參軍。		守毅，東陽主簿。		
敷，德州司士參軍。		恆。	彪。	趨庭，潁州司馬。		
				演。	游。	沼。
				瑄。	士素。	

				德淹。		
				行諶，薩寶果毅。		
		行均。		琰，歷城主簿。		
		煥，宋城尉。		嵩，長水令。	巖，京兆少尹。	
沈。	誠庭。	載。	子方。	湜。	潤，太府寺主簿。	
				銳，餘杭尉。	鉷，太康丞。	淮，本名鎰，昭應尉。

					[illegible]，倉部郎中。
				泌，長安尉。	澣，洪州功曹參軍。
鋒，京兆府倉曹參軍。	鍊，萬年尉。	錞。	湘。		越。

		漣，滎陽丞。	崟，宋州刺史。		
滂，監察御史。	渾，坊州刺史。	凜，蔡州倉曹參軍。	澄，河陽丞。	滌，乘氏尉。	漪。
錫，贊善大夫。					

		正義，隰州司馬。					
文湛，洪州別駕。		文沾，幷州司戶參軍。					
行頵。	延業。	延祚。					
思愼。				瑾。			
				岌，揚州參軍。			
			洌。	淑。	洧，天長尉。	汶，密尉。	溶，江都尉。

敬德，後周青州刺史、新陽伯。				
振，紀王錄事參軍。				
元良。				
大壽，胡蘇令。				
崇憲，萊州長史。				
嚮，曹州司兵參軍。	歆，扶風令。	詔，新平令。		
恕。	僉。	子潤，海州倉曹參軍。		子光，楚州功曹參軍。
郁。		彥輔。	彥倫。	

			顯宗。			
	廣。		羨門，臨海尉。	師門，鉅野令。	雍門，齊州倉曹參軍。	虛，脩武尉。
子倩，監察御史。	懿。	愨。	昌意。	安期，魏丞。	衡。	光期，白檀府果毅。
				觀。		

佺期，須昌丞。

昂，成武尉。

多適，扶溝令。

內省，兗州司戶參軍。

容卿。

袞，金鄉丞。

竦。

元軌，緱氏令。

玄豆，太谷令。

知人字行滿，周主簿。

銑，武進脩。

王府典籤。

		知賢，一名行善，蜀州長史。			
鈇，義興尉。	鈞，光州司馬。	洽。	汪，長林令。		
循，華陽尉。	見。	琁。	昭。	暉。	晅。

			機，義寧令。		
			世翼，揚州錄事參軍。		
			玄之，鍾離尉，以弟子繼。		
知道，雅州司法參軍。			文，著作佐郎。		
濟，信都尉。			平，太府寺主簿。	昂。	厚，池州司馬。
萱。	蒹。	蒨。	遜，襄城尉。	迪，太廟令。	運，全柳丞。
				復，靈昌尉。	魯字子儒。
					賁。

				翬，壺關令。		
			昌阜，新鄭主簿。	謙，脩武尉。	達。	迹。
蕘字堯臣。	薦字茂華。	藹字虞風。				

原，河中府倉曹參軍。				季良，衢州錄事參軍。	
迴，梁主簿。	迺。	邁，天長主簿。	蘧。	造。	遐，衡山令。

日新，榆次令。						
肱，朝邑尉。			擣。	振，江陵府倉曹參軍。		
倫。	召。	奇童。		斌爛。	詢謀，長安主簿。	諫誨。

選，洛州倉曹參軍。

梓材，太廟齋郎。

仙壽。

巉。

世斌，左司郎中。

玄嘉，長水令。

延暉。

世將。

世方，安次丞。

玄一，左千牛衞長史。

永，比部郎中、陽武男。

伯邕，金州刺史。

係，京兆府倉曹參軍。

康老。

仲和，萬年尉。

佐。

	叔清字 貽慶，夔州都督。					叔華，職方郎中。	
修，馮翊尉。	仲宇君 舒，鄂岳觀察使。					佋，萬年尉。	佑。
	休。	惟簡。	惟表。	惟義。	惟恭。	惟直。	

			玄縱，千牛長史。		
			勉，紫微舍人。		
	季榮，京兆府士曹參軍。		豐，無錫尉。		益。
侄，虢州文學。	循，脩武尉。	儀。	立言，蕭主簿。	立則，左驍衛兵曹參軍。	

	撝，後周行臺左丞。					
	弼諧，東莞令。			弼誠，解令。		
	脩道，隴州司戶參軍。			九思，流水令。		
武，竟陵令。	奉忠。	延禕。	奉先。	曾，慈州刺史。		
解，殿中侍御史。				長裕，許州刺史。		
				迅，監察御史。	歡，侍御史。	
				文通，曾山尉。	球之。	叔獻，容城令。
				做。		
				受一。		

	叔向。		
	仲容。		
	季達。		
	仲堪。		
	季熊。		
	仲均。		
	珪璋。		
	韞玉。		
	藏師。		
諒，冠氏令。	珣瑜，相德宗。	覃，相文宗。	裔綽，祕書監。

朗字有勤規。

融，相宣宗。

潛字無悶。

權。

顒。

泳。

咸悅，安邑尉。

利用，澤州刺史。				
涯，檢校左僕射、同中書門下平章事。				
紹素字昌符。	合敬，諫議大夫。	延休，山南西道節度使。	生拱，字公庭。	紹業，荊南節度

使。生鈞，字化光。

渤，兗海節度使。

弘業，二子：寔字蘊文，稼字德豐。

弘範字昌儀。

良弼。

慈明，太子舍人。

餘慶，相德宗。

澣，本名淳，興元節度使。

允謨，宋州刺史。

從讜，相僖宗。生璘，字華聖。

處誨字延美，吏部侍郎。五子：羲字堯卿，福字子貞，祁字爲霖，祚，祐字垂吉。生受

具瞻，涇陽尉。		膺甫，楚州刺史。	承慶。		
涓字道一，太原節度使。	泓，河西丞。	漳，太子少傅。			
昌圖字光業，戶部侍郎。				茂休，初名茂諶。	益，字謙光。

						申，金華尉。
羽客，通州刺史。				嘉賓，兼殿中侍御史。	見利，當陽令。	式瞻，衢州刺史。
灣。	溶。	洿。	瀆。		渾。	遐。
						彥特，字翊臣。

					景復，殿中侍御史。
			少微，岐州刺史。		
則之，驍衛兵曹參軍。			朝，金州刺史。		
猗，撫州刺史。			弘宗。	弘毅。	
允升。	延昌，相昭宗。	延濟字正卿，太常博士。			

	九臣，山荏令。							
	子晉，新鄉尉。	子春，監察御史。						
景融。	紹。	叔文，河清尉。		伯高。			季札。	
		士深。	士清。	翁歸。	翁喜。	翁胤。	士林，著作郎。	士平。

				九言，徐州參軍。			
			子長，盱眙令。	詮。	杳，婺州刺史。		
仲均。		季隨。			成，宣城尉。		
士良，鳳翔少尹。	士則。				琬，亳州司戶參軍。	倜。	偁。

			倕。
			僔。
			暈。
	香。		
九同，上	普。		
黨丞。			
	會。		
九徵。	習。	衡，太子司議郎。	
		璩，太子司議郎。	昱。
			昇。

璆。		瑱。	
說。	淑。	恕。	愻。

南祖鄭氏：

簡，後魏平南諮議參軍。				
靈虬。滎陽太守。				
悅，安遠司馬。				
鼎，後周西豫州刺史。				
常，隋郢州刺史。				
筠，綿州刺史。				
孝仁，臨洮郡司戶參軍。				
君嶷，湘源令。	君徽，內直監。			
興宗。	林宗。		景宗。	智積。

孝德。	孝儒，南	會州長史。	神符，隋殿內少監。孝寬，黃州刺史。				
君璉。	君瑾。		文亮，渠州刺史。		文哲，潞州參軍。		
			思言。	元瑜。	思證。	思督。	思謂。

昌，隋永熙郡太守。	衡，隋潞州長史。		威，隋涿郡掾。	
孝昂。	玄膺。		道果，吉州參軍。	
知詳。	保護。	知瑤。	君琰，晉州司馬。	
			居士，壽丘主簿。	
			恁。	
			述，左金吾兵曹參軍。	迥，宣州兵曹參軍。

						師，隋祠部員外郎。	
						胄，儀曹郎。	
					孝儹。	喜見，州司士參軍。	
			君業。	君璋。	乾福，壽震。春丞。	宋亨。	素。
	眺。	鈞。					
邁，長子尉。							

道德，安州刺史。						
希義，兗州刺史。						
道蓋，太常少卿。						
元長，隋洛南令。	元胤。	元恭，隋義興丞。				
大隱，萬州參軍。	仁統，楚州司倉參軍。	正衡，綿竹令。				
志玄，九門主簿。	遺福。	從周。				
		儦，殿中侍御史。			倓。	佚。
		諝，眞源尉。	諗，瀛州長史。	說，汝陽主簿。		
		季良。				

					白虯。
					尙仁，吉州刺史。
					彥。
	德猷，司徒中兵參軍。				景山，北齊雄毅將軍。
元讓。	元直，隋新安令。				伯愛，鄆州司倉參軍。
師伯，括州司馬。	爲範。			爲善，邢州司兵參軍。	身正，高苑令。
	文譽。		勞心。	虛受，大斌丞。	
	休祥。	休業。	休光。		
			推。		

		季方，汝陽太守。			
		盔生，後周光州刺史。			
次珍。		鴻猛，和州刺史。			
寶，隋和州刺史。		士則，隋閬州刺史。			
道成，紀王府司馬。		文表，蓬州刺史。	思忠，桂州司法參軍。		
履仁，郫令。			之諒。	之信。	之皓。
元敬，地官員外郎。			進。	逸。	遏。
正則，郢州刺史。	審則，明州刺史。				

				季騆，滎陽郡太守。			
				潁，宛陵令。			
		鴻泉，驃騎將軍。		子規，後周溫州刺史。			
士謇。		貴，永城令。		海，陟州刺史。			
才挺。		福常。		德仁，藍田令。			
大絢，給事中。		思義，蓬州參軍。	思宰。	大雅，陳州司戶參軍。			
德琮，嵐州司法參軍。			攸縱。	嗣某，聊城主簿。			
令問。	令望。			君嘉。	構。	胤。	祚。

								挺。			
								秀。			
							履忠。				
							嗣沖。				
						大惠。	嗣諶。	神玉。			
							嗣默。				
							嗣倫，安 仁籌。	如玉。			
								叔獻。			
								季常。			
							嗣同。				
							嗣喬。				

					大威，河陽令。			弘禮，懷州刺史。
嗣丘。					文叡，清河令。			景略。
喜。	成家，左司郎中。			成相。	懋。	愿。	懿。	
	宣。	激。	渙。					

	德崇，憲部郎中。	德玄，藍田令。				乾嘉，隋侍御史。
		言約，陳州刺史。				大令，介休令。
景福。		道爽，鄭州司倉參軍。	道明，綿州司法參軍。	道望。	道宏。	抱本，金州參軍。
				謂。		利國。
				揔。		

						宥，河間太守。
						伯欽，冀州刺史。
						孝紀，郡中正。
						過庭，蓨令。
	遵古。	言顧，魏州司戶參軍。				玄崇，江夏令。
		福安。	福慶，普安令。	福同。	居貞，澤州司兵參軍。	損之。
利涉。						

	崇節。	崇業，本名崇基，永州司馬。			
景初。	元輔。	杳，河陽丞。			
		洄。	幼成。	岳，鄠令。	羨，池州刺史。
					紈，西尉、大理評事。

細字文明，相德宗。

祇德，兵部尚書。

顥字養正，駙馬都尉。二子：韜光，戶部尚書；凜字冬暉。

頊，廣文館助教。八子：承休、孺復、藩、表微、寡尤、嶠、嗣光、嗣宗。承休，戶部尚書。孺復，復州刺史，生曙，龍興尉。藩字內華。表微，江陵少尹。寡尤，解州榷鹽巡官。嶠，太子詹事，三子：莅，華陰令；革，

武功令;蕑,泌陽令。嗣光,奉先令,生譜。	顗字又仁,嶺南節度副使。	碩眞源令。	頻,眉州軍事判官。

綬，洛陽令。					
	弘乂，昭應尉。	秉彝，懷州長史。			
			晳字澤美。	就字成美。	頎，禮部侍郎。

緼，職方郎中。			
處沖，檢校禮部尚書。			
揆，長安令。	損字慶遠，禮部尚書。	拙字道弘，都官郎中。	撰字文規，河中少尹。

	習，宋城尉。				
	洌，諫議大夫。				援，京兆司田參軍。
	紓。	純。	緡。	緄，太子洗馬。	
憲字均持。					
頎字廷美。					

閑，萊州刺史。	繪。
	綽。
	總，寧國令。
	細。
	絅，登州長史。
倫，丹陽尉。	縱。
	約，尉氏令。

昞。

嘉範，景谷令。

撫俗，徐城令。

洪，涼州司戶參軍。

儋，檢校工部尚書、河東節度使。

仁本。

仁約。

仁載。

滎陽鄭氏又有鄭少隣。

少隣，鄭州司士參軍。

穆，河清令。

亞字子佐，循州刺史。

畋字台文，相僖宗。

晙，祕書監。

毗字輔臣。

凝績字裕

聖，戶部侍郎。

紹餘字

垂芳。

滄州鄭氏：

蔣。	則。	玄昇，衞州佝，右拾遺。	
		刺史。	
			愔，相中宗。

鄭氏定著二房：一曰北祖，二曰南祖。宰相九人。北祖有珣瑜、覃、朗、餘慶、從讜、延昌；南祖有絪；滎陽鄭氏有畋；滄州鄭氏有愔。

鍾氏出自子姓，與宗氏皆晉伯宗之後也。伯宗子州犂仕楚，食采於鍾離，因以爲姓。楚漢時有鍾離眛，爲項羽將，有二子：長曰發，居九江，仍故姓；次曰接，居潁川長社，爲鍾氏。漢有西曹掾皓，字季明，二子：迪、敷。迪，郡主簿，生繇、演。繇字元常，魏太傅、定陵侯。生毓、會。毓字稚叔，侍中、廷尉。生駿，駿字伯道，晉黃門侍郎。生曅，字叔光，公府掾。生雅，字彥胄，過江仕晉，侍中。生誕，字世長，中軍參軍。生靖，字道寂，潁川太守。生源，字循本，後魏永安太守。生挺，字法秀，襄城太守、潁川郡公。生蹈，字之義，南齊中軍。二子：

嶼、嶸。嶼字秀望，梁永嘉縣丞。生寵，字元輔，爲臨海令。避侯景之難，徙居南康贛縣，生寶愼。

寶愼字無惑，隋睦州參軍。			
子威字之武，安福令。			山操，洛邑府統軍。
法遵字從道。			
紹京字可大，相睿宗。			
嘉璧，晉州長史。	嘉譔，太子典膳郎、山陰縣公。	嘉偉，左領軍衞長史。	

鍾氏宰相一人。紹京。

宋氏出自子姓。殷王帝乙長子啓，周武王封之於宋，三十六世至君偃，爲楚所滅，子孫以國爲氏。楚有上將軍義，義生昌，漢中尉，始居西河介休。十二世孫晃，晃三子：恭、畿、洽，徙廣平利人〔一〕。

恭，前燕河南太守。		
藥師。		
鍼。		
良，北齊東郡太守。		
乾。		
大辯，邛州刺史。		
守恭，遂安令。	守眘，襄陽尉。	
楚璧，兵部郎中。	庭瓌，庫部員外郎。	庭瑜，司農少卿。
		顒，常州刺史。

畿，後燕衛軍司馬。				
榮國。				
曾孫弁，後魏吏部尚書，襲利人子。				
紀字仲烈。	景。			
欽道，北齊黃門侍郎。				
元節，定州田曹。	孝王，北齊北平王文學。	子皓。		
弘峻，大理丞。	俠。			
務本，櫟陽令。		陽元，洛陽尉。	守儉，洛州司馬。	
玄撫，衛州司戶參軍。			鼎，兵部郎中。	庭璘，兵部郎中。
璟，相玄宗。			悅，鄆州刺史。	
復，同州司功參軍。			禨。	

昪，太僕少卿。	尚，漢東太守。生寔。	渾，太子左諭德。	恕，都官郎中。生袞，太常丞。	延，太原少尹。

華，尉氏令。生儼，蘇州刺史；佶，河南尉；倚，虢州長史。

衡，河西節度行軍司馬、檢校左散騎常侍。生倓。

		洽，後魏七兵尚書。		
		謨。		
		欽。	瓊。	
			仲羨，後燕渤海太守。	
	欽仁。			
	冏。	正文，祕書郎。		
			延慶。	
			長威。	季緒。
			正言，洛州司馬。	本立。
曾孫渤。 曾孫堅，太樂令。	七世孫處秀，大理正。			卓然，益府長史。

又有廣平宋氏：

素。		
叔夜。		
申錫字慶球。	臣，相文宗。	
	慎微，城固	尉。
絢字韜文。		

宋氏宰相二人。璟、申錫。

源氏出自後魏聖武帝詰汾長子疋孤。七世孫禿髮傉檀，據南涼，子賀降後魏，太武見之曰：「與卿同源，可改爲源氏。」位太尉、隴西宣王。生侍中馮翊惠公懷，懷二子：子邕、子恭。子恭字靈順，中書監、臨汝文獻公，周、隋之際，居鄴郡安陽。生彪，字文宗，隋莒州刺史、臨潁縣公，生師民。

師民字踐言，隋刑部侍郎。					
崑玉，比部郎中。				直心，司刑太常丞。	
翁歸，比部郎中。				乾珍。	乾曜，相玄宗。
脩業，涇州刺史。					復，華州刺史。
光俗〔三〕，尚書左丞。					
湑，給事中。	光乘，同州刺史。	光譽，戶部侍郎。	光時，濟陰太守。		
		休。			

			誠心，洛州司馬。			
			匡度，黃州刺史、臨漳公。	匡讚，國子祭酒。		
弼，工部郎中。	潔，河南令。	淸，駙馬都尉。	安都，太原少尹。	伯良。	幼良。	少良，司勳員外郎。
				歇幹，虔州刺史。		

匡友。

行莊，戶部郎中。

源氏宰相一人。乾曜。

牛氏出自子姓。宋微子之後司寇牛父，子孫以王父字爲氏。漢有牛邯，爲護羌校尉，因居隴西，後徙安定，再徙鶉觚。

通。

會。

意。

仙客，相玄宗。

安定牛氏,出自漢隴西主簿崇之後。

遼允,後周工部尚書、臨淮公。			
弘,隋吏部尚書、奇章公。			
方大,內史舍人。	方裕,金部郎中、左庶子。	方智。	
			休克,集州刺史。
			紹,太常博士。
			幼聞,鄭尉。
			僧孺字思黯,相敬宗、文宗。
			蔚字大章,檢校兵部尚書、興元尹。
			徽字深之。

				鳳及，春官侍郎。
		蘂字表齡，吏部尚書。	奉倩，洛陽尉。	
循字晦之。	徽字勛美，太子賓客、奇章男。	嶠字松卿。		
希逸字景華。				

牛氏宰相二人。仙客、僧孺。

苗氏出自芊姓。楚若敖生鬬伯比，伯比生子良。子良生越椒，字伯棼，以罪誅。其子賁皇奔晉，晉侯與之苗邑，因以爲氏，其地河內軹縣南有苗亭，即其地也。上黨長子縣有苗襲夔。

襲夔。	殆庶。	如蘭，永王府諮議參軍。	立怡。	武昭。
		晉卿字元輔，相肅宗、代宗。	收，太子通事舍人。	

			發，駕部員外郎。		
			丕，河南少尹。		
			堅。		
			粲，給事中。	眈字毅臣。	
			稷。	詹字浚源。	
			垂。		
			向。		
			昌，戶部員外郎。	繙。	澥字德廣。

	延嗣，中書舍人、太原少尹。	昭理。	良瓚。				
含液。	含澤。	含潤。		澧，清漳主簿。	茂林。		
頎。							
蕃。						纘。	約。
著。							
愔字宜之。							
台符字節巖。							

						惲字甚魯。	廷乂字子章。				
						恪字无悔。					

苗氏宰相一人。晉卿。

呂氏出自姜姓。炎帝裔孫爲諸侯，號共工氏，有地在弘農之間，從孫伯夷，佐堯掌禮，使偏掌四岳，爲諸侯伯，號太岳。又佐禹治水，有功，賜氏曰呂，封爲呂侯。呂者，膂也，謂能爲股肱心膂也。其地蔡州新蔡是也。歷夏、商，世有國土，至周穆王，呂侯入爲司寇，宣王世改「呂」爲「甫」，春秋時爲彊國所幷，其地後爲蔡平侯所居。呂侯枝庶子孫，當商、周之際，或爲庶人。呂尙字子牙，號太公望，封於齊。十九世孫康公貸爲田和所篡，遷於海濱。康公七世孫禮，秦昭襄王十九年自齊奔秦，爲柱國、少宰、北平侯。二子：伯昌、仲景。伯昌生靑，以令尹從漢高祖，封陽信侯，謚曰胡。唐有隋州刺史仁宗，卽其後也。康公未失國時，呂氏子孫先已散居韓、魏、齊、魯之間，其後又徙東平壽張。魏有徐州刺史萬年亭侯虔，字子路，孫行鈞，其後世居河東。

行鈞，後魏東平太守。				
雄，左十四監。				
崇禮。	崇粹，兵部郎中。			
			諲，相肅宗。	
	季重，歙州刺史。	季卿，循州刺史。	仁本，磁州司馬。	
			璜，太子通事舍人。	
			僎，吉昌	修，左衛兵曹參軍。

琳，淄王府參軍。

皓，正平令。

伸，試萬州長史。

伯禽，宣州司戶參軍。

時中，成武主簿。

絳，鄭令。

緄，道州司功參軍。

綱，奉禮郎。

紓，左內率府兵曹參軍。

綸，試嘉王府參軍。

紡。

縯，奉禮郎。

纓。

綜

春卿，尚舍奉御。

夏卿。

冬卿，伊闕令。

詒。

呂氏宰相一人。諲。

第五氏出自嬀姓。齊諸田，漢初多徙奉園陵者，故以次第爲氏。唐有第五華，弟琦。

琦，相肅宗。

峯，台州刺史。

	平，京兆兵曹參軍。								
申。	牟，兼御史中丞。								

第五氏宰相一人。琦。

校勘記

〔一〕恭畿洽徙廣平利人　下表亦云畿曾孫弁「襄利人子」。按魏書卷六三宋弁傳「利人」作「列人」，與漢書卷二八下地理志、魏書卷一〇六上地形志合，則當以「列人」爲是。

〔二〕光俗　本書卷一二七、舊書卷九八源乾曜傳作「光裕」。源光乘墓誌、源溥墓誌（拓片）作「光俗」，光乘、光譽爲光俗弟。光乘、光譽、光時疑當上移一格，與光俗同列。

唐書卷七十五下

表第十五下

宰相世系五下

常氏出自姬姓。衞康叔支孫食采常邑，因以爲氏。唐有新豐常氏。

緒，咸安令。			
毅，杞王府司馬。			
楚珪，雍王府文學。			
無名，禮部員外郎。			
著，侍御史。	會，弘農令。	普，戶部郎中。	魯，渭南尉。

			無爲，三原丞。	皆，司農卿。	仲孺，諫議大夫。						
				袞，相代宗、德宗。							
			無欲。								
			無求，右補闕。								

常氏宰相一人。袞。

喬氏出自姬姓，本橋氏也。漢太尉玄六世孫勤，後魏平原內史，從孝武入關，居同州，生朗，朗生達，後周文帝命橋氏去「木」，義取高遠也。世居太原。

琳，相德宗。	琛。
彝。	

喬氏宰相一人。琳。

關氏出自商大夫關龍逢之後。蜀前將軍漢壽亭侯羽，生侍中興，其後世居信都。裔孫播，相德宗。

關氏宰相一人。播。

渾氏出自匈奴渾邪王，隨拓拔氏徙河南，因以爲氏。自迴貴至瑊，世襲皐蘭州都督。

潭，隋左玉鈐衞大將軍。				
迴貴，豹韜衞大將軍、靈丘縣伯。				
元慶，鎮國大將軍、檢校禮部尚書。				
大德，左武衞大將軍。				
澄之，左領軍衞大將軍、檢校司徒。				
旻，永王府參軍。				
徽，靈武節度判官。	儉，少府監。	徽，潘州刺史。	宰，揚州司馬。	正孫，秦州司馬。
	特，司農卿。			
	正元，吏部員外郎。			

		大壽，太僕丞。		
	景之，坊州刺史。	釋之字釋之，左武衛大將軍、寧朔郡王。		
婁，檢校水部郎中。		瓊，太子中允。	珹，相德宗。	
			鍊，左羽林將軍。	鎬，義武軍節度使。

				大寧，左衛率府率。
			玘，左領軍將軍、武當郡王。	
鉅，雅州刺史。	鋼，天德軍防禦使。	鐵，振武軍節度使。		

大封，內八作使。

大猷，左羽林大將軍、酒泉郡公。

大鼎，尚衣奉御。

大義，左金吾衛大將軍。

渾氏宰相一人。瑊。

齊氏出自姜姓。炎帝裔孫呂尚後封於齊，因以爲氏。漢有平敬侯齊受，傳封四世，居高陽。晉有武邑侯齊琰。

琰。				
健。	澄。		粹。	
			虔，光州刺史。	
			知玄，長山令。	
	肅睞，虞部郎中。		澣，平陽太守。	
	說，檢校員外郎、		翽，信州刺史。	翾，左龍武倉曹參軍。
	猗。	暢。		抗字遐舉，相德宗。
				餗，洛陽尉。

瑚，吏部郎中。	翻。
摠，衢州刺史。	

瀛州齊氏：

玘			
昭，殿中侍御史。	汶，澤州刺史。	映，相德宗。	暭，京兆司錄參軍。
孝若，大理正。			

照，池州刺史。

煦字德溫、

齊氏宰相二人。抗、映。

董氏出自姬姓。黃帝裔孫有飂叔安，生董父，舜賜姓董氏。裔孫辛有，辛有子孫分適晉，有董狐。裔孫翳，項羽封爲翟王，都高奴，子孫遂居隴西。漢江都相仲舒少子之孫，自廣川徙隴西，裔孫徙河東。

仁琬，梁州大禮博士。

伯良，新浦主簿。

晉字混成，相德宗。

全道，殿中少監。

溪，商州刺史。

居中。

					從直。							
					居敬。							
				全素，太子中舍人。								
				澥，太常寺太祝。								

董氏宰相一人。晉。

賈氏出自姬姓。唐叔虞少子公明，康王封之於賈，爲賈伯，河東臨汾有賈鄉，即其地也，爲晉所滅，以國爲氏。晉公族狐偃之子射姑爲晉太師，食邑於賈，字季他，亦號賈季。漢有長沙王太傅誼，生璠，尚書中兵郎。生二子：嘉、惲。嘉，宜春太守，生負，游擊將軍。五子：洪、潤、汭、湘、注。汭，輕騎將軍，生曄，下邳太守。二子：冰、淵。淵，遼東太守。三子：納、邠、丕。丕生沂，祕書監。二子：廷玉、秀玉。秀玉，武威太守，生衍，兗州刺史。生韡，輕騎將軍，徙居武威。二子：綵、詡。詡，魏太尉、肅侯，生璣，駙馬都尉、關內侯，又徙長樂。二子：通、延。通，侍中、車騎大將軍。三子：仲安、仲謀、仲達。仲達，潁川太守。生疋，字彥度，輕車將軍、雍州刺史、酒泉郡公。二子：乂、康。康，祕書監。二子：鍇、鈞。鈞生弼，散騎侍郎。二子：躬之、匪之。躬之，宋太宰參軍。四子：希鏡、希遠、希逸、希叟。希鏡，南齊外兵郎，生梲，義興郡太守。生執，梁太府卿。二子：遲、肇。肇二子：褱、宏。宏，後梁中軍長史。生緦，北齊青兗等州刺史、河東公。二子：嵲、巘。巘，殿中監。三子：懿、憝、憲。憲避葛榮之難，避地滏陽。

憲字元楷，後周祕書監。	
處靜，隋成州長史。	
敬言，刑部郎中、滑州刺史。	
令思，禮部員外郎。	
晉，衞尉卿。	恆，司門員外郎、池州刺史。
	元敏，澄城令。

	遠則,長河尉。			
	知義,沁源主簿。			
元遜,殿中丞。	元琰,沁水丞。			
	耽字敦詩,相德宗。			
	疇,司農寺主簿。	曄,少府監,襲魏國公。		
		侁,左武衛胄曹參軍。		
		惟慶,丹州刺史、河東縣男。		
		洮,西水令。		漵,華原尉。
		翔,檢校尚書、水部員外郎。	翽。	

睬，楚州刺史。

敬忠，歸州刺史。

處澄，涇陽令。

玄禕。

玄暐。

季良，奉天尉。

岌，檢校員外郎。

稜，大理評事。

種字嘉頴。

季隣，長安主簿。

岩。

巖。

河南賈氏，世居姑臧。

胄。	寧。	竦，著作郎。 餗字子美，相文宗。	

賈氏宰相二人。耽、餗。

權氏出自子姓。商武丁之裔孫封於權，其地南郡當陽縣權城是也。楚武王滅權，遷於那處，其孫因以爲氏。秦滅楚，遷大姓於隴西，因居天水。漢有左輔都尉忠，十四世孫翼，字子良，前秦右僕射、安丘敬公。生宣吉、宣褒。宣褒，後秦黃門侍郎，六世孫榮。

榮，隋儀同、鄜城公。	文誕，涪常二州刺史、平涼公。	崇嗣。			南仲。

崇基，屯田員外郎。	崇先，水部員外郎。	崇本，匡城令。		
上仁。		無待，成都尉。		
良史，澤州刺史。		倕。		伋，臨潁令。
		皐字士繇，著作郎。		隼字子鷙，華州司士參軍。
		德輿字載之，相憲宗。		少成，桐廬尉。
		璩字大圭，鄭州刺史。	珏字大玉。	項，兩當令。

				若訥，桂、歙、梓三州刺史。		恩。	無巳。
			倬。	倣，紫溪令。	僎，安平令。		偉。
				有方，蘄令。	達字達，咸陽丞。		寅。
		少清。		長孺字直卿。	塤。	絳。	
瑄，華州參軍。	審字子詢。						

同光。

儦。

儹。

侹。

權氏宰相一人。德輿。

皇甫氏出自子姓。宋戴公白生公子充石，字皇父。皇父生季子來，來生南雍䵢，以王父字爲氏。䵢六世孫孟之，孟之生遇，避地奔魯。裔孫鸞，漢興，自魯徙茂陵，改「父」爲「甫」。裔孫晉廣魏太守固，生柴，徙襄陽，後又徙壽春，裔孫珍義。

珍義，資、建二州刺史。

文亮，高陵令。

鏡幾。

恂。

岳。

嵒。

隣幾，太子洗馬。						知常，洛州、揚州長史。
憬。	悰。	愔。	愉。			懌。
			鏞字龢卿，太子少保。		鏄，相憲宗。	
			瓛。	珧。	珪字德卿。	
					蘊字待價。	

悟。

文房，黃門侍郎。	希莊，麟臺郎。	翼字謀安，青州刺史。	準。

皇甫氏宰相一人。鎛。

程氏出自風姓。顓頊生稱，稱生老童。老童二子：重、黎。重爲火正，司地，其後世爲掌天地之官。裔孫封於程，是謂程伯，雒陽有上程聚，即其地也。至周宣王時，程伯休父失其官守，以諸侯入爲王司馬，又有司馬氏。程氏世居長安。

思奉，利州刺史。	子珪，左贊善大夫。	獻可，太子左諭德。	异字師舉，相憲宗。	巽。

程氏宰相一人。异。

令狐氏出自姬姓。周文王子畢公高裔孫畢萬，爲晉大夫，生芒季。芒季生武子魏犨。犨生顆，以獲秦將杜回功，別封令狐，生文子頡，因以爲氏，世居太原。秦有太原守五馬亭侯範，十四世孫漢建威將軍邁，與翟義起兵討王莽，兵敗死之。三子：伯友、文公、稱，皆奔燉煌。伯友入龜茲，文公入疏勒，稱爲故吏所匿，遂居効穀。稱六子：扶、堅、由、羡、瑾、猛。由字仲平，後漢伊吾都尉。六子：禹、覇、容、明、渙、淳。禹字巨先，博陵太守。四子：煇、洽、延、溥。溥字文悟，蒼梧太守。三子：璜、叡、瑒。溥五世孫晉諫議大夫馨，馨孫亞，字就胤，前涼西海太守、安人亭侯。二子：璭、綏。亞孫敏，字永昌，前涼鳴沙令。四子：達、忠、襲、越。敏五世孫虯，字惠獻，後魏燉煌郡太守、鶉陰縣子。四子：元保、整、慶保、休。整，周御正中大夫、彭陽襄公，賜姓宇文氏，生熙。

熙，隋吏部尚書、武康公。			元超，撫寧令。	濬，上邽令。	崇亮，昌明令。	承簡字居易，太原府功曹參軍。	楚字殼士，相憲宗。	緒，河南少尹。			

				從，檢校膳部郎中。	定字履常，桂管觀察使。
綯字子直，相宣宗。					緘字識之。
滈，太常博士。	澄。	專。	渙，中書舍人。		溉字中化。

湘。

德棻，國子祭酒。

脩已。

伯陽。

滔，丹楊郡司馬。

峴，刑部員外郎。

峘，祕書少監。

丕，太僕丞。

峼，和州刺史。

令狐氏宰相二人。楚、綯。

段氏出自姬姓。鄭武公子共叔段，其孫以王父字爲氏。漢有北地都尉卬，世居武威。

十四世孫後魏晉興太守紛。五世孫偃師，徙河南。

偃師，太子家令。	志玄，右驍衛大將軍、褒國忠壯公。	瓚，右屯衛大將軍。	懷簡，坊州刺史。			
		璀，朝邑令。	懷昶，德州參軍。	諤，榮州刺史。	文昌字墨卿，相穆宗。	成式字柯古。
			懷晏。			
			懷皎。			
		珪，宣州長史。	懷本，禮部郎中。			

段氏宰相一人。文昌。

元氏出自拓拔氏。黄帝生昌意，昌意少子悃，居北，十一世爲鮮卑君長。平文皇帝鬱律二子：什翼犍、烏孤。什翼犍，昭成皇帝也，始號代王，至道武皇帝改號魏，至孝文帝更爲元氏。

什翼犍七子：一曰寔君，二曰翰，三曰閼婆，四曰壽鳩，五曰紇根，六曰力眞，七曰窟咄。寔君生道武皇帝珪，珪生明元皇帝嗣，嗣生太武皇帝燾，燾生景穆皇帝晃。景穆諸子唯濬、新成、子推、天錫、雲、禎、胡兒、休八房子孫聞於唐。濬，文成皇帝也。文成諸子唯弘、長樂二房子孫聞於唐。弘，獻文皇帝也。獻文諸子唯宏、幹、羽、勰四房子孫聞於唐。宏，孝文帝也。七子：恂、恪、懷、愉、懌、悅〔一〕。恪，宣武皇帝也。懷，廣平文穆王，生廣平文懿王悌，悌生侍中、驃騎大將軍、廣平王贊，贊生謙。

謙，後周韓國公。	菩提，周襄公。	寶琳，綏州刺史、襄公。	昭。	穎。	庭珍。	伯明，陳王府諮議參軍，襲韓公。	紹俊，襲公。	文贄，襲公。	應，襄城尉。			

			顧道，明堂令。
愻，汴州文學。	慇，新井令。	承裕，汧陽主簿。	

什翼犍第六子力眞，力眞二子：意烈、意勁。意勁，彭城公。五世孫數州刺史禎，禎二子：巖、成。

巖字君山，隋兵部尚書、平昌公。
琳。
義恭。
孝節，工部員外郎。
通理，給事中。
從，右司員外郎。

		弘，隋北平太守。			
		義端，魏州刺史。			
		延壽，睦州刺史。	延福。		
	希聲，吏部侍郎。	愷，通州刺史。	怡。		
修，河南少尹。			偕，歸州刺史。	伾。	偉，平原尉。

延景，岐州參軍。				
悱，南頓丞。				
寬，比部郎中、舒王長史。泝，汝陽尉。				宵，侍御史。
	秬，萬年尉。	積，司農少卿。	稹字微之，相穆宗。	
			道護。	

						延祚，司議郎。
						平叔，綿州長史。
						揖，吏部員外郎。
銑。				錫，字君貺，淄王傅。	洪，饒州刺史。	注。
	瑄。	壽。	復禮。	緜。	晦。	

撝，太常博士。

持，都官郎中。

元氏宰相一人。稹。大曆宰相元載，本景氏，故不著。

路氏出自姬姓。帝摯子玄元，堯封於中路，歷虞、夏稱侯，子孫以國爲氏。漢符離侯博德始居平陽。裔孫嘉，字君賓，晉安東太守。孫藻，藻二子纂、建。

纂。

濤，後魏青州刺史。

寄奴。

恃慶，安州刺史。

思令。

君儒，北齊員外郎。

德惟，相州刺史。

勵業。

				神龜，恆州刺史。		
勵言，曹州刺史。		勵節，華州刺史。	勵行，鞏令。			
欽正。	欽古。	欽訓。		文逸，申州司馬。		
				敬淳，太常博士。	敬澄。	敬湛，雍州司馬。
						暢。

	建。			
	建曾孫慶，後魏太常卿。			
	彩，後周夏州刺史。			
	兗，隋兵部侍郎、閿鄉公。			
	文昇字文昇，平愛秦三州刺史、宣城縣公。			
	元叡，勳吏二郎中、廣州都尉。			
	幼玉，監察御史。			
	齊暉，徐、宋二州刺史。			
	譏，監察御史。			
敬潛，中書舍人。	長輿。	季登，諫議大夫。		
廣心，大理司直。		羣字正大。		
常，兼監察御史。		嶽字周翰。	巖字魯瞻，相懿宗。	
		招隱字希龍。	德延字昌遠。	延規字希聖。

		元哲，榆次令。	
	晚金，果州刺史。	太一，太原令。	
		果客。	嗣恭字懿範，初名劍客，廣州都督、冀國公。
		忲，岳州刺史。	應，宣州觀察使。
庠。		黄中。	

恕，太子詹事、鄜坊節度使。

異，兗州刺史。

楷，司農卿。

憑，侍御史。

又有越王府東閤史祭酒節，生惟恕。

惟恕，睦州刺史。

俊之，太子通事舍人、副元帥判官、檢校戶部郎中。

泌字安期，

隋字南式，相文宗。

路氏宰相二人。巖、隋。

舒氏出自偃姓。臯陶之後封於蓼，安豐蓼縣即其地也。春秋魯文公五年，爲楚所滅，其後更復爲楚屬國，亦名曰舒，又曰羣舒，又曰舒蓼，又曰舒庸，又曰舒鳩，一國而有五名。春秋魯襄二十五年，楚又滅之，子孫以國爲氏，世居廬江。

恆，武昌軍將校。	元輿，相文宗。									
	元肱字良哉。									
	元迥字子穎，山南東道從事。									

元褒，司封員外郎。	

舒氏宰相一人。元輿。

白氏出自姬姓。周太王五世孫虞仲封於虞，爲晉所滅。虞之公族井伯奚媵伯姬于秦，受邑於百里，因號百里奚。奚生視，字孟明，古人皆先字後名，故稱爲孟明視。孟明視二子：一曰西乞術，二曰白乞丙，其後以爲氏。裔孫武安君起，賜死杜郵，始皇思其功，封其子仲於太原，故子孫世爲太原人。二十三世孫後魏太原太守邕，邕五世孫建。

建字彥舉，君恕，倉部大威，梓州後周弘農郎中。刺史。郡守、邵陵縣男。	

君慜，牢州別駕。		士通，利州都督。		
		志善，尚衣奉御。		
知慎，戶部郎中。	知節。	溫，檢校都官郎中。		
		鍠，鞏令。		
		季庚，襄州別駕。		
		幼文，浮梁簿。	居易字樂天，刑部尚書。	行簡字退之，膳部郎中。
			景受，孟懷觀察支使，以從子繼。	味道，成都少尹。
			邦翰，司封郎中。	
			思齊，鄭州錄事參軍。	

	潾，揚州錄事參軍。			
季軫，許昌令。	季康，溧水令。			季平，河南主簿。
	敏中字用晦，相宣宗。			
	順求字幾聖。	崇嗣字光祚。	傳規字慶餘。	

白氏宰相一人。敏中。

夏侯氏出自姒姓。夏禹裔孫東樓公封爲杞侯，至簡公爲楚所滅，弟他奔魯，魯悼公以其夏禹之後，給以采地爲侯，因以爲氏焉。後去魯之沛，分沛爲譙，遂爲郡人。唐有駕部郎中審封。

審封。	敞			
	敬。			
	孜字好學，相宣宗、懿宗。	潭字虛中，禮部侍郎。	坦。	映字光文。
		澤字表中。		
	斐。			
	敫。	藻字司文。		

夏侯氏宰相一人。孜。

蔣氏出自姬姓。周公第三子伯齡封於蔣，其地光州仙居縣是也，宋改為樂安，蔣為彊國所滅，子孫因以為氏。漢有蔣詡，十世孫休，自樂安徙義興陽羨縣。十一世孫元遜，陳左衛將軍。其族有太子洗馬、弘文館學士瓌，生將明。

將明，國子司業、集賢殿學士、副知院使。	乂字德源，祕書監、義興懿公。	係，檢校左僕射、淮陽公。	兆。	承初字昌遠。
			曙字耀之。	延翰。
			庸字台臣。	

		伸字大直，相宣宗、懿宗。	泳字越之。								
		偕，左補闕。									
		仙。									
		佶。	璪字獻之。								

蔣氏宰相一人。伸。

畢氏出自姬姓。周文王第十五子高，封於畢，以國爲氏。後漢兗州別駕諶，世居東平。五世孫衆慶，宋本州大中正。五世孫憬。

憬，司衛少卿、許州刺史。					
構，戶部尚書、魏景公。					栩，豐王府司馬。
抗，兵部員外郎、吳郡太守、江南採訪使。					浚，汾州長史。
垌，王屋尉。				增。	勻，協律郎。
鎬。	鉟。	銶。	銳。		誠字存之，相懿宗。
					紹顏，渭南尉、直史館。

		曜，侍御史。			
					知顏，千牛備身。

畢氏宰相一人。諴。

曹姓出自顓頊。五世孫陸終第五子安，爲曹姓，至曹挾，封之於邾，爲楚所滅，復爲曹姓。唐有河南曹氏。

周。	景伯。	確字剛中，相懿宗。	希甫字嵩臣。
		汾字道謙，戶部侍郎。	希幹字荷臣。

曹氏宰相一人。確。

徐氏出自嬴姓。皋陶生伯益，伯益生若木，夏后氏封之於徐，其地下邳僮縣是也。至偃王三十二世爲周所滅，復封其子宗爲徐子。宗十一世孫章禹，爲吳所滅，子孫以國爲氏。章禹十三世孫詵，爲秦莊襄王相。生仲，仲字景伯。生延，字方遠。延生由，字智卿。由生該，字昌言。該生光，字子暉，漢下邳太守。光生大司農靜，字君安。靜生益州刺史萬秋，字蘭卿。萬秋生左曹給事充，字彥通。充生諫議大夫安仁。二子：豐、霸。豐爲北祖，霸爲南祖。

北祖上房徐氏：豐字仲都，司空掾。生明，明字玄通，侍中。生遷，字少卿，侍中。生宣，宣字休璥。二子琳、瑞。瑞字元珪，下邳太守。二子：謨、師儉。師儉字世節，京兆尹。二子：逖、超。超字彥孫，魏散騎常侍。二子：崇、統。統字耀卿，晉江陽太守。三子：瓌、璣、台。台字叔衡，丹楊令。三子：禕、祑、褚。褚字萬秋，太子洗馬。二子：寧、恭。寧字安期，吏部侍郎。五子：豐之、實之、仁之、祚之、育之。祚之字興民，祕書監。三子：尙之、羨之、欽之。欽之字眞宇，宋丞相、東莞公。三子：逵之、佩之、邁之。逵之字幼道，中書侍郎。二子：淳之、湛之。湛之字孝源，丞相、枝江忠烈侯。二子：恆之、聿之。恆之字景方，工部郎中，襲侯。二子：孝規、孝嗣。孝嗣字始昌，齊太尉、文忠公。六子：況、戩、碏、會、嘉、緄。

緄字仲文，齊侍中。		
君敷字懷眞，陳常侍。		
榮字子德，隋通事舍人。		
恕字克己，尙食直長。		
筠字南美，春官尙書、枝江郡公。		
皎字景融，左驍衛兵曹參軍。		
詡字擇賢，許州司馬，襲枝江男。		
儀字行甫，祠部員外郎。		
雅。	粲字宜遠，檢校戶部郎中。	
	寂，海陵令。	
	鄱，光、處、齊、淄、明、泗六州刺史。	持。

			諤。	謐。	譔。
向字文伯，衢、江、陳、潁、鄭、宋六州刺史。					
嚴字景肅，麻城令。	練字元白，校書郎。				
敦復。	臣質。	峻之。			
蘷。	公閔。				
	爽生景調，景調生巽，巽生侃之。				

		昭字德光，虞部郎中。	昕字光烈，又字景韻，字脩文，洛州長史。		晦。
訥。	謐。	孟嘗字允義，安州都督。	琇，冀州長史。		
			縯，虢州別駕。		
	摯。		縝。	弘毅，大理評事。	
				綜，江陵參軍。	
				琡。	

	君賓字客卿，梁五兵尙書。			
	澈字甘泉，一名澄，陳祕書監。			
	文遠字廣義，國子博士。			
晧。	士安字奉來，王屋令。			
	有功字弘敏，秋官侍郎。			
	倫字堅，岐、慶二王司馬。			
	轂字和玉，襲東莞男，安定太守。			
	濤字滲源，侍御史。	宰字舜鈞，大理評事。		
	杜。	商字義聲，相懿宗。		
		彥若字兪之，相昭宗。生綰，兵部郎中。	仁嗣。	仁矩字廣裕。

惲字固行，越州司法參軍。						
寵字知方，臨洪丞。	毅。	殷。				
液字既濟，金華令。						
義立字道彰，襄州別駕。			單。			
有慶字廟榮，濠州從事。				宮字應黃，濮州刺史。		
弘嗣字致君，宣武行營判官，生彥休。				仁規。	仁勗字道誨。	仁範。

			憬字元士，揚州
密字粱萬，義烏尉。			瞉字良孺，天長
汝字涵光，殿中侍御史。	濯字海康，金吾衛倉曹參軍。	疊字居方，武進丞。	湜，大理司直。
鋋字周器，王府長史。			
審字遠知，明州司戶參軍。			
曹字司之，越州司馬。			

		有道字弘度，鞏丞。	有業。	
法曹參軍。	愃字德美，金華令。	惲字揖，河內採訪使。	徵，少監。	
尉。	毅，句容尉。		漢字淵寧，水部員外郎。	
	澄字瀛都，淮南從事。		鸞，祠部員外郎。	
			夾彭字壽卿，洪州別駕。	
			魯苗。	禹苗。

								頊，雲陽令。	夾聃。		
								鷹，武陟令。			
				士會。	弘禮。						
				士雅。	有慶，鹽城令。	忱。					
				士師。	弘仁，揚州司馬。						
					弘信，太原府戶曹參軍。						
					弘度。						

文達字幼通，金山令。		
奉誠。	奉信。	昌時，天長令。
		有隣字善之，金壇令。
		悅字泰之，廬陵令。
		收字藏之，鳳翔府司錄參軍。
		寶符字靈通，杭州錄事參軍。
		瑾字德玉，徐州司法參軍。
		搏。

高平北祖上房徐氏：詵次子矩，矩字弘深，生邕。邕字文和，生廉。廉字元平，生則。則字元度，生倘。倘字光漢，大司農，生費。費字子文，金威將軍、東莞侯，生升。升字玄明，司空掾，襲東莞侯，生珪。珪字少玉，姑熟令，生欽。欽字思祖，大中大夫，生長卿。長卿字德師。二子：萬、僉。萬字士諧，平原太守，生續。續字承先，城門校尉。二子：寵、惠。惠字士安，司空掾，生冑。冑字彥光，本郡主簿功曹。二子：允、訓。允字仲和，生鄙。鄙字子頑。二子：訪、隆。訪字公謀，魏鎮北將軍。二子暢字彥春，晉隴西內史。四子：沇、胤、皦、

闞。闞字石侯，侍御史，生澹。澹字洛川，長壽令，生乾。乾字文祚，給事中，生道娛。道娛字道福，員外郎，生道祖。道祖字弘業，宋車騎行將軍，生玄英。玄英字智仁，奉朝請。生景初，尚書正員外郎。二子：弘師、弘道，世居曹州離狐，隋末徙滑州衛南。至世勣，預屬籍爲李氏，武后世復舊。

弘師字德令，南齊直閤舍人。		
璪，侍御史。		
懋，梁荊州刺史。		
元起字山立，隋濮陽太守。		
蓋字廣濟，陵州刺史、舒國公。		
世勣字茂功，相太宗、高宗。		
震，梓州刺史。		
敬業，柳州司馬。	敬猷，盩厔令。	思順字知通，鴻臚卿。
		湘字漢津，壽州刺史。
		弘光字大明，岐王傅。

				康字德榮，譙郡太守。	弼，司衞正卿。						
弘道字太玄，陳太常卿。	珍字大器，隋閤下舍人。	元隱字巖客，彭澤令。	唐字景明，沛令。	羌字景方，鄭州長史。							

徐氏宰相三人。商、彥若、世勣。

孔氏出自子姓。商帝乙長子微子啓封於宋，弟微仲衍曾孫湣公捷生弗父何，何生宋父周，周生世父勝，勝生正考父，父生嘉，字孔父。孔父生木金父，金父生睪夷父，以王父字爲氏。生防叔，避華父督之難，奔魯，爲大夫。生伯夏，夏生鄒大夫叔梁紇。紇二子：孟皮、仲尼。仲尼爲魯司寇，攝相事。生鯉，字伯魚。伯魚生伋，字子思，爲魯穆公師。生白，字子上，齊威王相。白生求，字子家。求生箕，字子京，魏相。箕生穿，字子高。穿生斌，字子愼，一名胤，魏文侯相文信君。三子：鮒、騰、樹。騰字子襄，漢孝惠博士、長沙太傅。生忠，字子貞，博士。忠二子：武、安國。武生延年，大將軍、太傅。延年生霸，字次孺，給事中、高密相、褒成烈君。四子：福、振、喜、光。福，關內侯。生房，房生均，字長平，尚書郎。生大司馬元成侯志，志生損。自均皆世襲褒成侯，及損，徙封褒亭侯。生曜，曜生完，無子，以弟子魏奉議郎羨爲嗣。羨生晉太常卿、黃門侍郎震，震生嶷，嶷生豫章太守撫，撫生從事中郎懿。自羨以下襲奉聖侯。生宋崇聖侯鮮，鮮生後魏崇聖大夫乘，乘生祕書郎靈珍，靈珍生文泰。自靈珍以下襲崇聖侯。文泰生渠。

渠，後周鄒國公。	
長孫，襲公。	
嗣哲，隋吳郡主簿、紹聖侯。	
德倫，褒聖侯。	
崇基，襲侯。	
璲之字藏輝，都水使者，襲文宣公。	
萱，泗水令。	
齊卿，青州司兵參軍。	
惟晊，兗州參軍。	
策。	
振字國文，刑部員外郎。	拯字弘濟。
昭儉，祕書郎、曲阜令。	

郁。	
洮字彰聖。	

下博孔氏出自關內侯福七世孫郁，後漢冀州刺史。生揚，下博亭侯，子孫因居焉。七世孫靈龜，後魏國子博士。生碩。

碩，後魏治書侍御史。		
安，北齊青州法曹參軍。		
穎達字沖遠，國子祭酒、曲阜憲公。		
志玄，國子司業。		志約，禮部郎中。
惠元，國子司業。		琮，洪州都督。
立言，祠部郎中。	脊言，黃州刺史、	

志亮，中書舍人。

曲阜憲公穎達族孫務本。自孔子至是三十五世。

務本，東光令。
如珪，海州司戶參軍。
岑父，著作佐郎。
戡，給事中。
溫質。
絢字延休。
綸字昌言。
纁字徵夫。

溫儒。			溫憲。	溫裕。	
緯字化文，相僖宗、昭宗。	絳字受文。	緘。		紓字特卿。	續字胤脩。
昌弼字佐化。		昌廣。			

威。	戳。			戢，庫部員外郎。	巘字君勝，昭義節度判官。
		溫諒。		溫業字遜志。	
		續。	旻字濟美，萊州刺史。	晦字文昌爲。	
		昌明字昭儀。	昌庶字幾聖，虞部郎中。	序字昭舉。	
			莊字文愿。		
			承恭。		

		巢父，給事中。	

孔氏宰相一人。緯。

獨孤氏出自劉氏。後漢世祖生沛獻王輔，輔生釐王定，定生節王丙。丙二子：廣、廙。廙，洛陽令。生穆，穆生度遼將軍進伯，擊匈奴，兵敗被執，囚之孤山下。生尸利，單于以爲谷蠡王，號獨孤部。尸利生烏利。二子：去卑、猛。猛生副論。副論生路孤，路孤生眷，眷生羅辰，從後魏孝文徙洛陽，爲河南人，初以其部爲氏，位定州刺史、永安公。生廷尉貞公萬齡。萬齡生稽，字延平，鎮東將軍、文公。稽生鎮東將軍歸，歸生冀。

冀字希顏，定州刺史、武安烈公。	永業字世基，周大司寇、臨川郡王。	子佳，隋淮州刺史，武安公。	義恭。

義盛。

士約。

册，戶部郎中。

恩。

華，兵部郎中。

叔德。

文惠，明威將軍。

楷，潁川郡長史。

憕。

丕，字山甫，剡主簿。

萬。

峻，越州都督、左金吾大將軍。

			義順字偉悌，虞杭簡三州刺史、洛南郡公。	
元慶。	元康。		元愷，給事中。	
思暕，鄠令。		思行，洋州刺史。	思莊，右金吾大將軍。	嶼，大理少卿。
賓庭，左補闕。				
	明，駙馬都尉。			

含章，左金吾兵曹參軍。					易知。	通理，殿中侍御史、潁川郡長史。
問俗，鄂州刺史。						汜，睦州刺史。
勉，揚子令。	勛。	助，太子舍人。		勸。		
		中叔，校書。	遐叔。			

亘，右驍衛兵曹參軍。	及，字至之，常州刺史，謚曰文。		正，眞定尉。
	朗，協律郎。	郁，字古風，祕書少監。	
		庠，字賢府。	

道濟，導江丞。				
悔。	愐，左司郎中。			
	寔，兼殿中侍御史。	寂。	密，雲州刺史。	
			蒙。	雲字公回。遠，吏部侍郎。

獨孤氏宰相一人。損。

			霖，祕書監。
損字又損，相昭宗。	遲字後已。	憲字正風。	

柳城李氏，世爲契丹酋長，後徙京兆萬年。

令節，左威衞大將軍、幽州經略軍副使。				
重英，鴻臚卿兼檀州刺史。				
楷洛，左羽林大將軍、朔方節度副使、薊郡公。				
遵宜，將軍。	遵行，將軍。	光弼，太尉兼侍中、臨淮武穆王。		
		義忠，太僕卿。	象，太僕卿。	彙，宿州刺史。

	光琰。	光顏，鴻臚卿。	光進字太應，刑部尚書、武威郡王。	
			元奕。	元遷。
黯，景州刺史。				

武威李氏，本安氏，出自姬姓。黄帝生昌意，昌意次子安，居于西方，自號安息國。後漢末，遣子世高入朝，因居洛陽。晉、魏間，家于安定，後徙遼左，以避亂又徙武威。後魏有

難陀孫婆羅，周、隋間，居涼州武威爲薩寶。生興貴、脩仁。至抱玉賜姓李。

興貴，左武候大將軍、歸國宜公。				
恆安。				元表。
文成。				
忠敬，松、鄯、會三州都督。				
抱玉，初名重璋，守司徒、平章事、涼國昭武公。				
自正字尙貞，少府少監，襄公。				
緒，京兆府參軍。	縱，寶鼎主簿。	綜，河中參軍。	絳。	

脩仁，左驍衞大將軍、郧國公。				
永壽，右領軍將軍。	永達。			永昌。
	懷恪，陳州司馬。			玄暉，殿中侍御史、貝州刺史。
	齊管			義仲，閤門府果毅、
	抱眞，檢校司空、平章事、義陽郡王。			
	緘，少府監。	幼成	幼淸。	

義穆。

季明。

高麗李氏：

正已，本名懷玉，平盧節度使、守司空、饒陽郡王。

納，平盧節度使、檢校司空。

承務。

師古，平盧節度使、檢校司徒兼侍中。

明安，閬州司戶參軍。

洧，正己從父兄，徐海觀察使、檢校戶部尚書。				
	經。			
		師智。	師賢。	師道，平盧節度使、檢校尚書右僕射。
				弘方。

澮，徐州團練副使。

柳城李氏，本奚族，不知何氏，至寶臣爲張鏁高養子，冒姓張氏，後賜姓李氏。

素，左驍衛大將軍。

越，左金吾衛大將軍。

佶，左武衛大將軍。

寶臣字爲輔，成德節度使、守司空、清河郡王。

惟誠，濮州刺史。

惟岳，成德軍司馬。

惟簡，鳳翔節度使，檢

元孫，三原尉。

					寶正。
校戶部尙書、武安郡王。					
	元質，濮陽尉。	元立，興平尉。	元本，河南府參軍。	鉥。	

鷄田李氏，本河曲部落稽阿跌之族，至光進賜姓李。

良臣，襲鷄田州刺史。	光進，振武節度使。			
	光顔，河東節度使、守司徒兼侍中。			

范陽李氏，自云常山愍王之後。

凝，檢校太子賓客兼侍御史。	庭弼，澶州刺史。	休祥，薊州刺史。	載義字方轂，守太保兼侍中、河東節度使、武威郡王。	正源，右羽林將軍兼御史大夫。

弘源，太子左諭德。

代北李氏，本沙陀部落，姓朱邪氏。至國昌，賜姓李，附鄭王屬籍。

執宜，代北行營招撫使、蔚州刺史。	國昌本名赤心，代北節度使、檢校太尉。	克恭。	
		克儉。	
		克用，河東節度使、守太師、中書令、晉王。	存勗，隰州刺史、檢校司空。

1	2	3	4	5	6	7	8	9	10	11	12
			存霸。								
			存渥。								
			存紀。								
			存乂。								
			存美。								
			存確。								
			存禮。								
		克柔，代州刺史。									
	赤忠。										
	奉國。										

李氏三公七人，三師二人。柳城李氏有光弼；武威李氏有抱玉；高麗李氏有正已。又柳城李氏有寶臣；鷄田李氏有光顏；范陽李氏有載義；代北李氏有克用。

營州王氏，本高麗之族。

虔威，朔方軍將。	思禮，司空、霍國武烈公。										

太原王氏，世居祁縣，後徙平州，至縉，從侯希逸南遷，遂居河內溫縣。

靖，右武衞大將軍。	瓌，左金吾衞大將軍。	縉，太子詹事。	智興字匡諫，宣武節度使、守太傅、鴈門郡王。	晏平，永州司戶參軍。							

宰，太原節度使。

晏皐，左威衛將軍。

晏賓。

晏恭。

晏逸。

晏深。

晏斌。

晏韜。

安東王氏，本阿布思之族，世隸安東都護府，曰五哥之，左武衞將軍，生末怛活。

末怛活，左金吾衞大將軍。		
升朝，檢校太子賓客、樂安郡王。		
廷湊，成德節度使。		
元逵，檢校司徒、同平章事、成德節度使。		
紹鼎，檢校尚書左僕射、成德節度使。		
景胤，深州刺史。	景崇，檢校太傅、中書令、成德節度使、常山郡王。	景蕚。
	鎔，太尉、中書令、成德節度使。	
	昭祚。	

紹懿，檢校司空、成德節度使。	

王氏三公二人，三師一人。營州王氏有思禮；河內王氏有智興；安東王氏有鍔。

田氏出自嬀姓。陳厲公子完，字敬仲，仕齊，初有采地，因號田氏。又云，「陳」「田」聲相近也。至田和簒齊爲諸侯，九世至王建，爲秦所滅。漢興，諸田徙陽陵，後徙北平。魏議郎田疇，字子泰。二十二世孫璟。

璟，鄭州司馬。	守義，安東副都護。	承嗣，魏博節度使、太尉、鴈門郡王。	維，魏州刺史。

朝，神武將軍。	華，太常少卿、駙馬都尉。	繹。	綸。	綰。	緒，魏博節度使、檢校左僕射、同平章事、駙馬都尉、常山郡王。
					季和，澶州刺史。

				季安字夔，魏博節度使、檢校司徒。	懷諫，右監門衞將軍。						
					懷禮。						
					懷詢。						
					懷讓。						
				季直，魏博衙將。							
			繪。								
			純。								
			紳。								

縉字雲長，右領軍將軍、扶風郡公。

季宗，監察御史。

季昌，福王府參軍。

季皐。

季鷹。

季卿。

季黃。

季芳。

庭琳。

延惲,安東都護府司馬。		
庭玠,相州刺史。		
弘正字安道,成德節度使、檢校司徒兼中書令、沂忠愍公。		
早,安南都護。	牟,天平節度使。	布字執禮,魏博節度使、檢校工部尚書、孝公。
		鐬,天平節度使、檢校尚書左僕射。

在宥，安南都護。

章，洛陽令。

在賓。

鶚，盱眙令。

田氏三公一人。承嗣。

烏氏出自姬姓。黃帝之後，少昊氏以烏鳥名官，以世功命氏。齊有烏之餘，裔孫世居北方，號烏洛侯，後徙張掖。

察，左武衛大將軍。

令望，左領軍大將軍。

蒙，左武衛中郎將。

承恩。

				承玼，右威衛將軍、檢校殿中監、昌化郡王。
				重胤字保君，天平節度使、守司徒、邠國公。
漢封，衛尉寺丞。	行方，河南丞。	漢貞，左金吾將軍。	行專，密州刺史。	漢弘，左羽林將軍。

漢章，右驍衛倉曹參軍。

行思，左衛倉曹參軍。

重元。

烏氏三公一人。重胤。

唐宰相三百六十九人，凡九十八族。　再入五十七人：長孫无忌、楊師道、李勣、褚遂良、李義府、劉仁軌、竇味道、狄仁傑、姚璹、李元素、婁師德、陸元方、蘇味道、楊再思、杜景佺、宗楚客、魏元忠、張錫、唐休璟、韋嗣立、蘇瓌、蕭至忠、岑羲、宋璟、郭元振、竇懷貞、源乾曜、苗晉卿、李峴、杜鴻漸、李勉、鄭餘慶、武元衡、李吉甫、張弘靖、李逢吉、王涯、王播、牛僧孺、李宗閔、李德裕、崔鉉、杜悰、白敏中、劉瞻、盧攜、鄭從讜、裴澈、蕭遘、韋昭度、孔緯、徐彥若、李谿、王摶、陸扆、崔遠、裴樞。三入十二人：武承嗣、武攸寧、豆盧欽望、武三思、李嶠、李懷遠、崔湜、劉幽求、張說、張延賞、王鐸、鄭畋。四入三人：韋巨源、姚元之、韋安石。五入三人：蕭瑀、裴度、崔胤。三公三師七十一人：宗室親王二十人：秦王世民、齊王元吉、荊王元景、吳王恪、徐王元禮、韓王元嘉、霍王元軌、舒王元名、相王旦、宋王憲、申王撝、邠王守禮、忠王浚、薛王業、慶王琮、廣平郡王俶、福王綰、撫王紘、榮王憤、建王震。以宰相及前宰相遷者二十七人：裴寂、房玄齡、長孫无忌、李勣、武三思、楊國忠、杜佑、裴度、王涯、李德裕、李讓夷、杜悰、白敏中、令狐綯、夏侯孜、韋保衡、王鐸、鄭畋、鄭從讜、蕭遘、韋昭度、孔緯、杜讓能、徐彥若、崔胤、王摶、柳璨。以軍功進者二十人：李光弼、郭子儀、王思禮、僕固懷恩、李抱玉、田承嗣、李正己、朱泚、李寶臣、侯希逸、馬燧、李晟、李光顏、烏重胤、王智興、李載義、李克用、王建、韓建、朱全忠。以恩澤進者四人：武攸暨、李輔國、于頔、韓弘。皆通見宰相世系。別著田氏、烏氏二族。希逸，亡其世系。輔國，中官也；懷恩，叛臣也；朱泚、王建、韓建、朱全忠，唐之盜也，皆削而不著。

校勘記

〔一〕七子恂恪懷愉懌悅　按魏書卷二二孝文五王傳云「皇子恌未封早夭」，此處漏載。

唐書卷七十六

列傳第一

后妃上

唐制：皇后而下，有貴妃、淑妃、德妃、賢妃，是爲夫人。昭儀、昭容、昭媛、脩儀、脩容、脩媛、充儀、充容、充媛，是爲九嬪。婕妤、美人、才人各九，合二十七，是代世婦。寶林、御女、采女各二十七，合八十一，是代御妻。自餘六尙，分典乘輿服御，皆有員次。後世改復不常。開元時，以后下復有四妃非是，乃置惠、麗、華三妃，六儀，四美人，七才人，而尙宮、尙儀、尙服各二，參合前號，大抵踵周官相損益云，然則尙矣。

禮本夫婦，詩始后妃，治亂因之，興亡係焉。盛德之君，帷薄嚴奧，褻謁不忓于朝，外言不內諸閫，關雎之風行，彤史之化脩，故淑範懿行，更爲內助。若夫豔嬖之興，常在中主。第裯既交，則情與愛遷；顏辭媚熟，則事爲私奪。乘易昏之明，牽不斷之柔，險言似忠，故受而不詰，醜行已效，反狃而爲好。左右附之，憸壬惎之，狡謀鉗其悟先，哀誓楗於寵初，天下之事已去，而恬不自覺，此武、韋所以遂簒弒而喪王室也。至於楊氏未死，玄亂厥謀；張后制中，肅幾斂衽。吁，可嘆哉！中葉以降，時多故矣，外有攻討之勤，內寡嬿溺之私，羣闇朋進，外戚勢分，后妃無大善惡，取充職位而已，故列著于篇。

高祖太穆順聖皇后竇氏，京兆平陵人。父毅，在周爲上柱國，尙武帝姊襄陽長公主，入隋爲定州總管、神武公。

后生，髮垂過頸，三歲與身等。讀女誡、列女等傳，一過輒不忘。武帝愛之，養宮中，異它甥。時突厥女爲后，無寵，后密諫曰：「吾國未靖，虜且彊，願抑情撫接，以取合從，則江南、關東不吾梗。」武帝嘉納。及崩，哀毀同所生。聞隋高祖受禪，自投牀下，曰：「恨我非男子，不能抹舅家禍。」毅遽掩其口，曰：「毋妄言，赤吾族！」常謂主曰：「此女有奇相，且識不凡，何可妄與人？」因畫二孔雀屏間，請昏者使射二矢，陰約中目則許之。射者閱數十，皆不合。高祖最後射，中各一目，遂歸於帝。

始，元貞太后羸老有疾，而性素嚴，諸姒娣皆畏，莫敢侍。后事之，獨怡謹盡孝，或淹月不釋衣履。工爲篇章規誡，文有雅體。又善書，與高祖書相雜，人不辨也。崩於涿郡，年四十五。

帝在煬帝時，多畜善馬，后見曰：「上性樂此，盍以獻？徒留之速罪，無益也。」不聽，頃果坐譴。帝後見隋政亂，多妄誅殛，乃爲自安計，數奏鷹犬異駒，煬帝果喜，擢位將軍。因泣謂諸子曰：「早用而母言，得此久矣！」帝有天下，詔即所葬園爲壽安陵，謚曰穆。及祔獻陵，尊爲太穆皇后。

始，太宗生，有二龍之符，后於諸子中愛視最篤。後即位，過慶善宮，覽觀梗欷，顧侍臣曰：「朕生於此，今母后永違，育我之德不可報。」因號慟，左右皆流涕。乃享后于正寢。它日幸九成宮，夢后若平生，既悟，潸然不自勝。明日，詔有司大發倉賑貧瘠，以爲后報焉。上元中，益謚太穆神皇后。

太宗文德順聖皇后長孫氏，河南洛陽人。其先魏拓拔氏，後爲宗室長，因號長孫。高祖稚，大丞相、馮翊王。曾祖裕，平原公。祖兕，左將軍。父晟，字季，涉書史，趫鷙曉兵，仕隋爲右驍衞將軍。

后喜圖傳，視古善惡以自鑒，矜尚禮法。晟兄熾，爲周通道館學士。嘗聞太穆勸撫突厥女，心誌之。每語晟曰：「此明睿人，必有奇子，不可以不圖昏。」故晟以女太宗。后歸寧，舅高士廉妾見大馬二丈立后舍外，懼，占之，遇坤之泰。卜者曰：「坤順承天，載物無疆；馬，地類也；之泰，是天地交而萬物通也，又以輔相天地之宜。繇協歸妹，婦人事也。女處尊位，履中而居順，后妃象也。」時隱太子釁隙已構，后內盡孝事高祖，謹承諸妃，消釋嫌猜。及帝授甲宮中，后親尉勉，士皆感奮。尋爲皇太子妃，俄爲皇后。

性約素，服御取給則止。益觀書，雖容櫛不少廢。與帝言，或及天下事，辭曰：「牝雞司晨，家之窮也，可乎？」帝固要之，訖不對。後廷有被罪者，必助帝怒請繩治，俟意解，徐爲開治，終不令有冤；下嬪生豫章公主而死，后視如所生；媵侍疾病，輟所御飮藥資之。下懷其仁。兄无忌，於帝本布衣交，以佐命爲元功，出入臥內，帝將引以輔政，后固謂不可，乘間曰：「妾託體紫宮，尊貴已極，不願私親更據權于朝。漢之呂、霍，可以爲誡。」帝不聽，自用无忌爲尚書僕射。后密諭令牢讓，帝不獲已，乃聽，后喜見顏間。異母兄安業無行，父喪，逐后、无忌還外家。后貴，未嘗以爲言。擢位將軍。後與李孝常等謀反，將誅，后叩頭曰：「安業罪死無赦。然向遇妾不以慈，戶知之；今論如法，人必謂妾釋憾於兄，無乃爲帝累乎！」遂得減流越嶲。太子承乾乳媪請增東宮什器，后曰：「太子患無德與名，器何請爲？」

從幸九成宮，方屬疾，會柴紹等急變聞，帝甲而起，后輿疾以從，宮司諫止，后曰：「上震驚，吾可自安？」疾稍亟，太子欲請大赦，汎度道人，祓塞災會。后曰：「死生有命，非人力所支。若脩福可延，吾不爲惡；使善無效，我尚何求？且赦令，國大事，佛、老異方教耳，皆上所不爲，豈宜以吾亂天下法！」太子不敢奏，以告房玄齡，玄齡以聞，帝嗟美。而羣臣請遂赦，帝旣許，后固爭止。及大漸，與帝決，時玄齡小譴就第，后曰：「玄齡久事陛下，預奇計祕謀，非大故，願勿置也。妾家以恩澤進，無德而祿，易以取禍，無屬樞柄，以外戚奉朝請足矣。妾生無益於時，死不可以厚葬，願因山爲壠，無起墳，無用棺槨，器以瓦木，約費送終，是妾不見忘也。」又請帝納忠容諫，勿受讒，省遊畋作役，死無恨。崩，年三十六。

后嘗采古婦人事著女則十篇，又爲論斥漢之馬后不能檢抑外家，使與政事，乃戒其車馬之侈，此謂開本源，恤末事。常誡守者：「吾以自檢，故書無條理，勿令至尊見之。」及崩，宮司以聞，帝爲之慟，示近臣曰：「后此書可用垂後，我豈不通天命而割情乎！顧內失吾良佐，哀不可已已！」謚曰文德，葬昭陵，因九嵕山，以成后志。帝自著表序始末，揭陵左。上元中，益謚文德聖皇后。

太宗賢妃徐惠，湖州長城人。生五月能言，四歲通論語、詩，八歲自曉屬文。父孝德，嘗試使擬離騷爲小山篇曰：「仰幽巖而流盼，撫桂枝以凝想。將千齡兮此遇，荃何爲兮獨往？」孝德大驚，知不可掩，於是所論著遂盛傳。太宗聞之，召爲才人。手未嘗廢卷，而辭致贍蔚，文無淹思。帝益禮顧，擢孝德水部員外郎，惠再遷充容。

貞觀末，數調兵討定四夷，稍稍治宮室，百姓勞怨。惠上疏極諫，且言：「東戍遼海，西討崑丘，士馬罷耗，漕饟漂沒。捐有盡之農，趨無窮之壑；圖未獲之衆，喪已成之軍。故地廣者，非常安之術也；人勞者，爲易亂之符也。」又言：「翠微、玉華等宮，雖因山藉水，無築構之苦，而工力和僦，不謂無煩。有道之君，以逸逸人；無道之君，以樂樂身。」又言：「伎巧爲喪國斧斤，珠玉爲蕩心酖毒，侈麗纖美，不可以不遏。志驕於業泰，體逸於時安。」其剴切精詣，大略如此。帝善其言，優賜之。帝崩，哀慕成疾，不肯進藥，曰：「帝遇我厚，得先狗馬侍園寢，吾志也。」復爲詩、連珠以見意。永徽元年卒，年二十四，贈賢妃，陪葬昭陵石室。惠之弟齊聃，齊聃子堅，皆以學聞，女弟爲高宗婕妤，亦有文藻，世以擬漢班氏。

高宗廢后王氏，并州祁人，魏尚書左僕射思政之孫。從祖母同安長公主以后婉淑，白太宗以爲晉王妃。王居東宮，妃亦進册，擢父仁祐陳州刺史。帝即位，立爲皇后。仁祐以特進封魏國公；母柳，本國夫人。仁祐卒，贈司空。

初，蕭良娣有寵，而武才人貞觀末以先帝宮人召爲昭儀，俄與后、良娣爭寵，更相毀短。而昭儀詭險，即誣后與母挾媚道蠱上，帝信之，解魏國夫人門籍，罷后舅柳奭中書令。李義府等陰佐昭儀，以偏言怒帝，遂下詔廢后、良娣皆爲庶人，囚宮中。后母兄、良娣宗族悉流嶺南。許敬宗又奏：「仁祐無他功，以宮掖故，超列三事，今庶人謀亂宗社，罪宜夷宗，仁祐應斲棺，陛下不窮其誅，家止流竄，仁祐不宜引庇廕宥逆子孫。」有詔盡奪仁祐官爵。而后及良娣俄爲武后所殺，改后姓爲「蟒」，良娣爲「梟」。

初，帝念后，間行至囚所，見門禁錮嚴，進飲食竇中，惻然傷之，呼曰：「皇后、良娣無恙乎？今安在？」二人同辭曰：「妾等以罪棄爲婢，安得尊稱耶？」流涙嗚咽。又曰：「陛下幸念疇日，使妾死更生，復見日月，乞署此爲『回心院』。」帝曰：「朕即有處置。」武后知之，促詔杖二人百，剔其手足，反接投釀甕中，曰：「令二嫗骨醉！」數日死，殊其尸。初，詔旨到，后再拜曰：「陛下萬年！昭儀承恩，死吾分也。」至良娣，罵曰：「武氏狐媚，翻覆至此！我後爲猫，使武氏爲鼠，吾當扼其喉以報。」后聞，詔六宮毋畜猫。武后頻見二人被髮瀝血爲厲，惡之，以巫祝解謝，即徙蓬萊宮，厲復見，故多駐東都。中宗即位，皆復其姓。

高宗則天順聖皇后武氏，并州文水人。父士彠，見外戚傳。文德皇后崩，久之，太宗聞士彠女美，召爲才人，方十四。母楊，慟泣與訣，后獨自如，曰：「見天子庸知非福，何兒女悲乎？」母韙其意，止泣。既見帝，賜號武媚。及帝崩，與嬪御皆爲比丘尼。高宗爲太子時，入侍，悅之。王皇后久無子，蕭淑妃方幸，后陰不悅。它日，帝過佛廬，才人見且泣，帝感動。后廉知狀，引內後宮，以撓妃寵。

才人有權數，詭變不窮。始，下辭降體事后，后喜，數譽於帝，故進爲昭儀。一旦顧幸在蕭右，寖與后不協。后性簡重，不曲事上下，而母柳見內人尚宮無浮禮，故昭儀伺后所薄，必款結之，得賜予，盡以分遺。由是后及妃所爲必得，得輒以聞，然未有以中也。昭儀生女，后就顧弄，去，昭儀潛斃兒衾下，伺帝至，陽爲歡言，發衾視兒，死矣。又驚問左右，皆曰：「后適來。」昭儀即悲涕，帝不能察，怒曰：「后殺吾女，往與妃相讒媢，今又爾邪！」由是昭儀得入其訾，后無以自解，而帝愈信愛，始有廢后意。久之，欲進號「宸妃」，侍中韓瑗、中書令來濟言：「妃嬪有數，今別立號，不可。」昭儀乃誣后與母厭勝，帝挾前憾，實其言，將遂廢之。長孫无忌、褚遂良、韓瑗及濟瀕死固爭，帝猶豫；而中書舍人李義府、衞尉卿許敬宗素險側，狙勢即表請昭儀爲后，帝意決，下詔廢后。詔李勣、于志寧奉璽綬進昭儀爲皇后，命羣臣及四夷酋長朝后肅義門，內外命婦入謁。朝皇后自此始。

后見宗廟，再贈士彠至司徒，爵周國公，謚忠孝，配食高祖廟。母楊，再封代國夫人，家食魏千戶。后乃製外戚誡獻諸朝，解釋譏譟。於是逐无忌、遂良，踵死徙，寵煽赫然。后城宇深，痛柔屈不恥，以就大事，帝謂能奉己，故扳公議立之。已得志，即盜威福，施施無憚避，帝亦懦昏，舉能鉗勒，使不得專，久稍不平。麟德初，后召方士郭行眞入禁中爲蠱祝，宦人王伏勝發之，帝怒，因是召西臺侍郎上官儀，儀指言后專恣，失海內望，不可承宗廟，與帝意合，乃趣使草詔廢之。左右馳告，后遽從帝自訴，帝羞縮，待之如初，猶意其恚，且曰：「是皆上官儀教我！」后諷許敬宗構儀，殺之。

初，元舅大臣怫旨，不閱歲屠覆，道路目語，及儀見誅，則政歸房帷，天子拱手矣。羣臣朝、四方奏章，皆曰「二聖」。每視朝，殿中垂簾，帝與后偶坐，生殺賞罰惟所命。當其忍斷，雖甚愛，不少隱也。帝晚益病風不支，天下事一付后。后乃更爲太平文治事，大集諸儒內禁殿，譔定列女傳、臣軌、百僚新誡、樂書等，大氐千餘篇。因令學士密裁可奏議，分宰相權。

始，士彠娶相里氏，生子元慶、元爽。又娶楊氏，生三女：伯嫁賀蘭越石，蚤寡，封韓國夫人；仲卽后；季嫁郭孝愼，前死。楊以后故，寵日盛，徙封榮國。始，兄子惟良、懷運與元慶等遇楊及后禮薄，后銜不置。及是，元慶爲宗正少卿，元爽少府少監，惟良司衞少卿，懷運淄州刺史。它日，夫人置酒，酣，謂惟良曰：「若等記疇日事乎？今謂何？」對曰：「幸以功臣子位朝廷，晚緣戚屬進，憂而不榮也。」夫人怒，諷后僞爲退讓，請惟良等外遷，無示天下私。繇是，惟良爲始州刺史；元慶，龍州；元爽，濠州，俄坐事死振州。元慶至州，憂死。韓國出入禁中，一女國姝，帝皆寵之。韓國卒，女封魏國夫人，欲以備嬪職，難於后，未決。后內忌甚，會封泰山，惟良、懷運以岳牧來集，從還京師，后毒殺魏國，歸罪惟良等，盡殺之，氏曰「蝮」，以韓國子敏之奉士彠祀。初，魏國卒，敏之入弔，帝爲慟，敏之哭不對。后曰：「兒疑我！」惡之。俄貶死。楊氏徙酇、衞二國，咸亨元年卒，追封魯國，謚忠烈，詔文武九品以上及五等親與外命婦赴弔，以王禮葬咸陽，給班劍、葆仗、鼓吹。時天下旱，后僞表求遜位，不許。俄又贈士彠太尉兼太子太師、太原郡王，魯國忠烈夫人爲妃。

上元元年，進號天后，建言十二事：一、勸農桑，薄賦徭；二、給復三輔地；三、息兵，以道德化天下；四、南北中尙禁浮巧；五、省功費力役；六、廣言路；七、杜讒口；八、王公以降皆習老子；九、父在爲母服齊衰三年；十、上元前勳官已給告身者無追覈；十一、京官八品以上益稟入；十二、百官任事久，材高位下者得進階申滯。帝皆下詔略施行之。

蕭妃女義陽、宣城公主幽掖廷，幾四十不嫁，太子弘言于帝，后怒，酖殺弘。帝將下詔遜位于后，宰相郝處俊固諫，乃止。后欲外示寬裕，劫人心使歸己，卽奏言：「今羣臣納半俸、百姓計口錢以贍邊兵，恐四方妄商虛實，請一罷之。」詔可。

儀鳳三年，羣臣、蕃夷長朝后于光順門。卽幷州建太原郡王廟。帝頭眩不能視，侍醫張文仲、秦鳴鶴曰：「風上逆，砭頭血可愈。」后內幸帝殆，得自專，怒曰：「是可斬，帝體寧刺血處邪？」醫頓首請命。帝曰：「醫議疾，烏可罪？且吾眩不可堪，聽爲之！」醫一再刺，帝曰：「吾目明矣！」言未畢，后簾中再拜謝，曰：「天賜我師！」身負繒寶以賜。

帝崩，中宗卽位，天后稱皇太后，遺詔軍國大務聽參決。嗣聖元年，太后廢帝爲廬陵王，自臨朝，以睿宗卽帝位。后坐武成殿，帝率羣臣上號册。越三日，太后臨軒，命禮部尙書攝太尉武承嗣、太常卿攝司空王德眞册嗣皇帝。自是太后常御紫宸殿，施慘紫帳臨朝。

追贈五世祖後魏散騎常侍克己爲魯國公，妣裴卽其國爲夫人；高祖齊殷州司馬居常爲太尉、北平郡王，妣劉爲王妃；曾祖永昌王諮議參軍、贈齊州刺史儉爲太尉、金城郡王，妣宋爲王妃；祖隋東郡丞、贈幷州刺史、大都督華爲太尉、太原郡王，妣趙爲王妃。皆置園邑，戶五十。考爲太師、魏王，加實戶滿五千，妣爲王妃，王園邑守戶百。時睿宗雖立，實囚之，而諸武擅命。又謚魯國公曰靖，裴爲靖夫人；北平郡王曰恭肅，金城郡王曰義康，太原郡王曰安成，妃從夫謚。太后遣册武成殿使者告五世廟室。

於是柳州司馬李敬業、括蒼令唐之奇、臨海丞駱賓王疾太后脅逐天子，不勝憤，乃募兵殺揚州大都督府長史陳敬之，據州欲迎廬陵王，衆至十萬。楚州司馬李崇福連和。盱眙人劉行舉嬰城不肯從，敬業攻之，不克。太后拜行舉游擊將軍，擢其弟行實楚州刺史。敬業南度江取潤州，殺刺史李思文〔一〕，曲阿令尹元貞拒戰死。太后詔左玉鈐衞大將軍李孝逸爲揚州道行軍大總管，率兵三十萬討之，戰于高郵，前鋒左豹韜果毅成三朗爲唐之奇所殺。又以左鷹揚衞大將軍黑齒常之爲江南道行軍大總管，幷力。敬業興三月敗，傳首東都，三州平。

始，武承嗣請太后立七廟，中書令裴炎沮止，及敬業之興，下炎獄，殺之，幷殺左威衞大將軍程務挺。太后方怫恚，一日，召羣臣廷讓曰：「朕於天下無負，若等知之乎？」羣臣唯唯。

太后曰：「朕輔先帝踰三十年，憂勞天下。爵位富貴，朕所與也；天下安佚，朕所養也。先帝棄羣臣，以社稷爲託，朕不敢愛身，而知愛人。今爲戎首者皆將相，何見負之遽？且受遺老臣伉扈難制有若裴炎乎？世將種能合亡命若徐敬業乎？宿將善戰若程務挺乎？彼皆人豪，不利於朕，朕能戮之。公等才有過彼，蚤爲之。不然，謹以事朕，無詒天下笑。」羣臣頓首，不敢仰視，曰：「惟陛下命。」

久之，下詔陽若復辟者。睿宗揣非情，固請臨朝，制可。乃冶銅匭爲一室，署東曰「延恩」，受干賞自言；南曰「招諫」，受時政失得；西曰「申冤」，受抑枉所欲言；北曰「通玄」，受讖步祕策。詔中書門下一官典領。

太后不惜爵位，以籠四方豪桀自爲助，雖妄男子，言有所合，輒不次官之，至不稱職，尋亦廢誅不少縱，務取實材眞賢。又畏天下有謀反逆者，詔許上變，在所給輕傳，供五品食，送京師，即日召見，厚餌爵賞歆動之。凡言變，吏不得何詰，雖耘夫蕘子必親延見，稟之客館。敢稽若不送者，以所告罪之。故上變者徧天下，人人屛息，無敢議。

新豐有山因震突出，太后以爲美祥，赦其縣，更名慶山。荆人俞文俊上言：「人不和，疣贅生；地不和，堆阜出。今陛下以女主處陽位，山變爲災，非慶也。」太后怒，投嶺外。

詔毀乾元殿爲明堂，以浮屠薛懷義爲使督作。懷義，鄠人，本馮氏，名小寶，偉岸淫毒，佯狂洛陽市，千金公主嬖之。主上言：「小寶可入侍。」后召與私，悅之。欲掩迹，得通籍出入，使祝髮爲浮屠，拜白馬寺主。詔與太平公主婿薛紹通昭穆，紹父事之。給廏馬，中官爲騶侍，雖承嗣、三思皆尊事惟謹。至是護作，士數萬，巨木率一章千人乃能引。又度明堂後爲天堂，鴻麗嚴奥次之。堂成，拜左威衞大將軍、梁國公。

始作崇先廟于西京，享武氏。承嗣僞款洛水石，導使爲帝，遣雍人唐同泰獻之，后號爲「寶圖」，擢同泰游擊將軍。於是汜人又上瑞石，太后乃郊上帝謝況，自號聖母神皇，作神皇璽，改寶圖曰「天授聖圖」，號洛水曰永昌水，圖所曰聖圖泉，勒石洛壇左曰「天授聖圖之表」，改汜水曰廣武。時柄去王室，大臣重將皆撓不得逞，宗室孤外無寄足地。於是，韓王元嘉等謀舉兵唱天下，迎還中宗。琅邪王沖、越王貞先發，諸王倉卒無應者，遂敗。元嘉與魯王靈夔等皆自殺，餘悉坐誅，諸王牽連死滅殆盡，子孫雖嬰褓亦投嶺南。太后身拜洛受圖，天子率太子、羣臣、蠻夷以次列，大陳珍禽、奇獸、貢物、鹵簿壇下，禮成去。

永昌元年，享萬象神宮，改服衮冕，搢大圭，執鎭圭，睿宗亞獻，太子終獻。合祭天地，五方帝、百神從，以高祖、太宗、高宗配，引魏王士彠從配。班九條，訓百官。遂大饗羣臣。號士彠周忠孝太皇，楊忠孝太后。以文水墓爲章德陵，咸陽墓爲明義陵。太原安成王爲周安成王，金城郡王爲魏義康王，北平郡王爲趙肅恭王，魯國公爲太原靖王。

載初中，又享萬象神宮，以太穆、文德二皇后配皇地祇，引周忠孝太后從配。作曌、𠀑、埊、𡆠、囝、〇、𠺞、𢘑、𡕀、𡔈、𠡦、𠙺十有二文。太后自名曌。改詔書爲制書。以周、漢爲二王後，虞、夏、殷後爲三恪，除唐屬籍。拜薛懷義輔國大將軍，封鄂國公，令與羣浮屠作大雲經，言神皇受命事。春官尚書李思文詭言：「周書武成爲篇，辭有『垂拱天下治』，爲受命之符。」后喜，皆班示天下，稍圖革命。然畏人心不肯附，乃陰忍鷙害，肆斬殺怖天下。內縱酷吏周興、來俊臣等數十人爲爪吻，有不慊若素疑憚者，必危法中之。宗姓侯王及它骨骾臣將相駢頸就鈇，血丹狴戶，家不能自保。太后操奩具坐重幃，而國命移矣。

御史傅游藝率關內父老請革命，改帝氏爲武。又脅羣臣固請，妄言鳳集上陽宮，赤雀見朝堂。天子不自安，亦請氏武，示一尊。太后知威柄在己，因大赦天下，改國號周，自稱聖神皇帝，旗幟尚赤，以皇帝爲皇嗣。立武氏七廟于神都。尊周文王爲文皇帝，號始祖，妣姒曰文定皇后；武王爲康皇帝，號睿祖，妣姜曰康惠皇后；太原靖王爲成皇帝，號嚴祖，妣曰成莊皇后；趙肅恭王爲章敬皇帝，號肅祖，妣曰章敬皇后；魏義康王爲昭安皇帝，號烈祖，妣曰昭安皇后；祖周安成王爲文穆皇帝，號顯祖，妣曰文穆皇后；考忠孝太皇爲孝明高皇帝，號太祖，妣曰孝明高皇后。罷唐廟爲享德廟，四時祠高祖以下三室，餘廢不享。至日，祀上帝萬象神宮，以始祖及考妣配，以百神從祀。盡王諸武。詔并州文水縣爲武興，比漢豐、沛，百姓世給復。以始祖冢爲德陵，睿祖爲喬陵，嚴祖爲節陵，肅祖爲簡陵，烈祖爲靖陵，顯祖爲永陵，章德陵爲昊陵，明義陵爲順陵。

太后雖春秋高，善自塗澤，雖左右不悟其衰。俄而一齒生，下詔改元爲長壽。明年，享神宮，自制大樂，舞工用九百人，以武承嗣爲亞獻，三思爲終獻。帝之爲皇嗣，公卿往往見之，會尚方監裴匪躬、左衞大將軍阿史那元慶、白澗府果毅薛大信、監門衞大將軍范雲仙潛謁帝，皆腰斬都市，自是公卿不復上謁。

有上封事言嶺南流人謀反者，太后遣攝右臺監察御史萬國俊就按，得實卽論決。國俊至廣州，盡召流人，矯詔賜自盡，皆號哭不服，國俊驅之水曲，使不得逃，一日戮三百餘人。乃誣奏流人怨望，請悉除之。於是太后遣右衞翊府兵曹參軍劉光業、司刑評事王德壽、苑南面監丞鮑思恭、尚輦直長王大貞、右武衞兵曹參軍屈貞筠，皆攝監察御史，分往劍南、黔中、安南等六道訊鞫，而擢國俊左臺侍御史。光業等亦希功于上，惟恐殺人之少。光業殺者九百人，德壽殺七百人，其餘亦不減五百人。太后久乃知其冤，詔六道使所殺者還其家。國俊等亦相踵而死，皆見有物爲厲云。

太后又自加號金輪聖神皇帝，置七寶于廷：曰金輪寶，曰白象寶，曰女寶，曰馬寶，曰珠寶，曰主兵臣寶，曰主藏臣寶，率大朝會則陳之。又尊其顯祖爲立極文穆皇帝，太祖爲無上孝明皇帝。延載二年，武三思率蕃夷諸酋及耆老請作天樞，紀太后功德，以黜唐興周，制可。使納言姚璹護作。乃大裒銅鐵合冶之，署曰「大周萬國頌德天樞」，置端門外。其制若柱，度高一百五尺，八面，面別五尺，冶鐵象山爲之趾，負以銅龍，石鑱怪獸環之。柱顛爲雲蓋，出大珠，高丈，圍三之。作四蛟，度丈二尺，以承珠。其趾山周百七十尺，度二丈。無慮用銅鐵二百萬斤。乃悉鏤羣臣、蕃酋名氏其上。

薛懷義寵稍衰，而御醫沈南璆進，懷義大望，因火明堂，太后羞之，掩不發。懷義愈很恣怏怏。乃密詔太平公主擇健婦縛之殿中，命建昌王武攸寧、將作大匠宗晉卿率壯士擊殺之，以畚車載尸還白馬寺。懷義負幸昵，氣蓋一時，出百官上，其徒多犯法。御史馮思勗劾其姦，懷義怒，遇諸道，命左右歐之，幾死，弗敢言。默啜犯塞，拜新平、伐逆、朔方道大總管，提十八將軍兵擊胡，宰相李昭德、蘇味道至爲之長史、司馬。後厭入禁中，陰募力少年千人爲浮屠，有逆謀。侍御史周矩劾狀請治驗，太后曰：「第出，朕將使詣獄。」矩坐臺，少選，懷義怒馬造廷，直往坐大榻上，矩召吏受辭，懷義卽乘馬去。矩以聞，太后曰：「是道人素狂，不足治，力少年聽窮劾。」矩悉投放醜裔。懷義構矩，俄免官。

太后祀天南郊，以文王、武王、士彠與唐高祖幷配。太后加號天册金輪聖神皇帝。遂封嵩山，禪少室，册山之神爲帝，配爲后。封壇南有大槲，赦日置雞其杪，賜號「金雞樹」。自制升中述志，刻石示後。改明堂爲通天宮，鑄九州鼎，各位其方，列廷中。又斂天下黃金作大儀鐘，不克。久之，以崇先廟爲崇尊廟，禮視太廟，旋復崇尊廟爲太廟。

自懷義死，張易之、昌宗得幸，乃置控鶴府，有監，有丞及主簿、錄事等，監三品，以易之爲之。太后自見諸武王非天下意，前此中宗自房州還，復爲皇太子，恐百歲後爲唐宗室躪藉無死所，卽引諸武及相王、太平公主誓明堂，告天地，爲鐵券使藏史館。改昊陵署爲攀龍臺。久視初，以控鶴監爲天驥府，又改奉宸府，罷監爲令，以左右控鶴爲奉宸大夫，易之復爲令。

神龍元年，太后有疾，久不平，居迎仙院。宰相張柬之與崔玄暐等建策，請中宗以兵入誅易之、昌宗，於是羽林將軍李多祚等帥兵自玄武門入，斬二張于院左。太后聞變而起，桓彥範進請傳位，太后返臥，不復語。中宗於是復卽位。徙太后上陽宮，帝率百官詣觀風殿問起居，後率十日一詣宮，俄朔、望。廢奉宸府官，遷東都武氏廟于崇尊廟，更號崇恩，復唐宗廟。諸武王者咸降爵。是歲，后崩，年八十一。遺制稱則天大聖皇太后，去帝號。謚曰則天大聖后，祔乾陵。

會武三思蒸韋庶人，復用事。於是大旱，祈陵輒雨。三思訹帝詔崇恩廟祠如太廟，齋郎用五品子。博士楊孚言：「太廟諸郎取七品子，今崇恩取五品，不可。」帝曰：「太廟如崇恩可乎？」孚曰：「崇恩太廟之私，以臣準君則僭，以君準臣則惑。」乃止。及韋、武黨誅，詔則天大聖皇后復號天后，廢崇恩廟及陵。景雲元年，號大聖天后。太平公主奸政，請復二陵官，又尊后曰天后聖帝，俄號聖后。太平誅，詔黜周孝明皇帝號，復爲太原郡王，后爲妃，罷昊、順等陵。開元四年，追號則天皇后。太常卿姜晈建言：「則天皇后配高宗廟，主題天后聖帝，非是，請易題爲則天皇后武氏。」制可。

中宗和思順聖皇后趙氏，京兆長安人。祖綽，武德中，戰有功，終右領軍將軍。父瓌，尙高祖常樂公主。

帝爲英王，聘后爲妃。高宗於公主恩尤隆。武后不喜，乃幽妃內侍省。瓌自定州刺史、駙馬都尉貶括州，絕主朝謁，隨瓌之官。妃既囚，扃鍵牢謹，日給飼料。衞者候其突煙數日不出，披戶視之，死腐矣。瓌以壽州刺史與主預越王事，死。神龍元年，追謚妃曰恭皇后，贈瓌左衞大將軍。中宗崩，葳陵事，韋庶人不臣，不得祔，有司加上尊謚，以后祔定陵。

中宗庶人韋氏，京兆萬年人。祖弘表，貞觀中曹王府典軍。

帝在東宮，后被選爲妃。嗣聖初，立爲皇后。俄與帝處房陵，每使至，帝輒恐，欲自殺。后止曰：「禍福何常，早晚等死耳，無遽！」及帝復卽位，后居中宮。是時，上官昭容與政事，方敬暉等將盡誅諸武，武三思懼，乃因昭容入請，得幸於后，卒謀暉等誅之。初，帝幽廢，與后約：「一朝見天日，不相制。」至是與三思升御牀博戲，帝從旁典籌，不爲忤。三思諷羣臣上后號爲順天皇后。乃親謁宗廟，贈父玄貞上洛郡王。左拾遺賈虛己建言：「非李氏王者，盟書共棄之。今復國未幾，遽私后家，且先朝禍鑒未遠，甚可懼也。如令皇后固辭，使天下知後宮謙讓，不亦善乎？」不聽。神龍三年，節愍太子舉兵敗。宗楚客率羣臣請加號「翊聖」，詔可。禁中謬傳有五色雲起后衣笥，帝圖以示諸朝，因大赦天下，賜百官母、妻封號。太史迦葉志忠表上桑條歌十二篇，言后當受命，曰：「昔高祖時，天下歌桃李；太宗時，歌秦王破陣；高宗歌堂堂；天后世，歌武媚娘；皇帝受命，歌英王石州；后今受命，歌桑條韋，蓋后妃之德專蠶桑，共宗廟事也。」乃賜志忠第一區，綵七百段。太常少卿鄭愔因之被樂府。楚客又諷補闕趙延禧離釋桑條爲九十八代，帝大喜，擢延禧諫議大夫。

於是昭容以武氏事動后。卽表增出母服；民以二十三爲丁，限五十九免；五品而上母妻不繇夫、子封者，喪得用鼓吹。數改制度，陰儲人望。稍寵樹親屬，封拜之。昭容與母及尙宮賀婁等多受金錢。封巫趙隴西夫人，出入禁中，勢與上官埒。繇是墨敕斜封出矣。三年，帝親郊，引后亞獻。明年，正月望夜，帝與后微服過市，彷徉觀覽，縱宮女出游，皆淫奔不還。國子祭酒葉靜能善禁架，常侍馬秦客高醫，光祿少卿楊均善烹調，皆引入後廷。均、秦客烝於后，嘗喪免，不歷旬輒起。

帝遇弒，議者讙咎秦客及安樂公主。后大懼，引所親議計，乃以刑部尙書裴談、工部尙書張錫輔政，留守東都，詔將軍趙承福、薛簡以兵五百衞譙王重福，與兄溫定策，立溫王重茂爲皇太子，列府兵五萬分二營屯京師，然後發喪。太子卽位，是爲殤帝。皇太后臨朝，溫總內外兵，檢護宮省。族弟濯、播，宗子捷、璿，璿甥高崇及武延秀，分領左右屯營、羽林、飛騎、萬騎。京師大恐，傳言且革命。播、璿入軍中，鞭督萬騎欲立威，士怨不爲用。俄而臨淄王引兵夜披玄武門入羽林，殺璿、播、崇於寢，斧關叩太極殿，后遁入飛騎營，爲亂兵所殺。斬延秀、安樂公主。分捕諸韋、諸武與其支黨，悉誅之，梟后及安樂首東市。翌日，追貶爲庶人，葬以一品禮。

上官昭容者，名婉兒，西臺侍郎儀之孫。父廷芝，與儀死武后時。母鄭，太常少卿休遠之姊。

婉兒始生，與母配掖廷。天性韶警，善文章。年十四，武后召見，有所制作，若素構。自通天以來，內掌詔命，掞麗可觀。嘗忤旨當誅，后惜其才，止黥而不殺也。然羣臣奏議及天下事皆與之。

帝卽位，大被信任，進拜昭容，封鄭沛國夫人。婉兒通武三思，故詔書推右武氏，抑唐家，節愍太子不平。及舉兵，叩肅章門索婉兒，婉兒曰：「我死，當次索皇后、大家矣！」以激怒帝，帝與后挾婉兒登玄武門避之。會太子敗，乃免。婉兒勸帝侈大書館，增學士員，引大臣名儒充選。數賜宴賦詩，君臣賡和，婉兒常代帝及后、長寧安樂二主，衆篇並作，而采麗益新。又差第羣臣所賦，賜金爵，故朝廷靡然成風。當時屬辭者，大抵雖浮靡，然所得皆有可觀，婉兒力也。鄭卒，謚節義夫人。婉兒請降秩行服，詔起爲婕妤，俄還昭容。帝卽婉兒居穿沼築巖，窮飾勝趣，卽引侍臣宴其所。是時，左右內職皆聽出外，不何止。婉兒與近嬖至皆營外宅，衺人穢夫爭候門下，肆狎昵，因以求劇職要官。與崔湜亂，遂引知政事。湜開商山道，未半，因帝遺制，虛列其功，加甄賞。韋后之敗，斬闕下。

初，鄭方妊，夢巨人畀大稱曰：「持此稱量天下。」婉兒生踰月，母戲曰：「稱量者豈爾邪？」輒啞然應。後內秉機政，符其夢云。景雲中，追復昭容，謚惠文。始，從母子王昱爲拾遺，昱戒曰：「上往囚房陵，武氏得志矣，卒而中興，天命所在，不可幸也。三思雖乘釁，天下知必敗，今昭容上所信，而附之，且滅族！」鄭以責婉兒，不從。節愍誅三思，果索之，始憂懼。及草遺制，卽引相王輔政。臨淄王兵起，被收。婉兒以詔草示劉幽求，幽求言之王，王不許，遂誅。開元初，裒次其文章，詔張說題篇。

睿宗肅明順聖皇后劉氏，祖德威，自有傳。儀鳳中，帝在藩，納爲孺人，俄爲妃。生寧王、壽昌代國二公主。帝卽位，爲皇后。會帝降號皇嗣，復爲妃。長壽二年，爲戶婢誣與竇德妃挾蠱道祝詛武后，並殺之宮中，葬祕莫知。景雲元年，追謚肅明皇后。

睿宗昭成順聖皇后竇氏，曾祖抗，父孝諶，自有傳。后婉淑，尤循禮則。帝爲相王，納爲孺人；卽位，進德妃。生玄宗及金仙、玉眞二公主。與肅明同追謚，並招魂葬東都之南，肅明曰惠陵，后曰靖陵，立別廟曰儀坤以享云。帝崩，追稱皇太后，與肅明祔橋陵。后以子貴，故先祔睿宗室。肅明以開元二十年乃得祔廟。

初，太常加謚后曰「大昭成」。或言：「法宜引『聖眞』冠謚，而曰『大昭成』，非也。以單言配之，應曰『聖昭』若『睿成』；以復言配之，應曰『大聖昭成』、『聖眞昭成』。」又引太穆皇后始謚穆，及高祖崩，合帝謚曰太穆，追增太穆神皇后；文德皇后始謚文德，及太宗崩，合謚文德聖皇后。又援范曄著漢光烈等爲比。太常謂：「曄以帝號標后謚，是史家記事體，婦人非必與夫同也。入廟稱后，繫夫；在朝稱太，繫子。『文母』，生號也；『文王』，既沒謚也。周公豈以夫從婦乎？漢法不可以爲據。」制曰「可」。天寶八載制詔，自太穆而下六皇后，並增上「順聖」二謚云。

玄宗皇后王氏，同州下邽人。梁冀州刺史神念之裔孫。帝爲臨淄王，聘爲妃。將淸內難，預大計。先天元年，立爲皇后。久無子，而武妃稍有寵，后不平，顯詆之。然撫下素有恩，終無肯譖短者。帝密欲廢后，以語姜皎。皎漏言，卽死。后兄守一懼，爲求厭勝，浮屠明悟敎祭北斗，取霹靂木刻天地文及帝諱合佩之，曰：「後有子，與則天比。」開元十二年，事覺，帝自臨劾有狀，乃制詔有司：「皇后天命不祐，華而不實，有無將之心，不可以承宗廟、母儀天下，其廢爲庶人。」賜守一死。

始，后以愛弛，不自安。承間泣曰：「陛下獨不念阿忠脫紫半臂易斗麪，爲生日湯餅邪？」帝憫然動容。阿忠，后呼其父仁皎云。繇是久乃廢。當時王譔作翠羽帳賦諷帝。未幾卒，以一品禮葬。後宮思慕之，帝亦悔。寶應元年，追復后號。

玄宗貞順皇后武氏，恆安王攸止女，幼入宮。帝即位，寖得幸。時王皇后廢，故進册惠妃，其禮秩比皇后。

初，帝在潞，趙麗妃以倡幸，有容止，善歌舞。開元初，父兄皆美官。及妃進，麗妃恩亦弛，以十四年卒，謚曰和。生太子瑛。而皇甫德儀生鄂王，劉才人生光王，皆藩邸之舊，後愛薄，而妃乃專寵。封所生母楊鄭國夫人，弟忠國子祭酒，信祕書監。將遂立皇后，御史潘好禮上疏曰：「禮，父母讎，不共天。春秋，子不復讎，不子也。陛下欲以武氏爲后，何以見天下士！妃再從叔三思也，從父延秀也，皆干紀亂常，天下共疾。夫惡木垂蔭，志士不息；盜泉飛溢，廉夫不飲。四夫匹婦尚相擇，況天子乎？願愼選華族，稱神祇之心。春秋：宋人夏父之會，無以妾爲夫人；齊桓公誓葵丘曰：『無以妾爲妻。』此聖人明嫡庶之分。分定，則窺競之心息矣。今人間咸言右丞相張說欲取立后功圖復相，今太子非惠妃所生，而妃有子，若一儷宸極，則儲位將不安。古人所以諫其漸者，有以也！」遂不果立。

妃生子必秀嶷，凡二王、一主，皆不育。及生壽王，帝命寧王養外邸。又生盛王、咸宜、太華二公主。後李林甫以壽王母愛，希妃意陷太子、鄂光二王，皆廢死。會妃薨，年四十餘，贈皇后及謚，葬敬陵。

玄宗元獻皇后楊氏，華州華陰人。曾祖士達，爲隋納言。天授中，以武后母黨，追封士達爲鄭王，父知慶太尉。

帝在東宮，后以景雲初入宮爲良媛。時太平公主忌帝，而宮中左右持兩端，纖悉必聞。媛方娠，帝不自安，密語侍讀張說曰：「用事者不欲吾多子，奈何？」命說挾劑以入，帝於曲室自煑之。夢若有介而戈者環鼎三，而三煑盡覆。以告說，說曰：「天命也！」乃止。生男，是爲肅宗。

帝卽位，爲貴嬪。其姊，節愍太子妃也。初，肅宗生，卜云：「不宜養。」乃命王皇后舉之。后無子，撫肅宗如所生。後又生寧親公主，乃薨。說以舊恩，故子垍得尙寧親。肅宗卽位，至德二載，太上皇自蜀詔有司「其議尊稱」，遂上册謚。寶應末，祔泰陵。

玄宗貴妃楊氏，隋梁郡通守汪四世孫。徙籍蒲州，遂爲永樂人。幼孤，養叔父家。始爲壽王妃。開元二十四年，武惠妃薨，後廷無當帝意者。或言妃姿質天挺，宜充掖廷，遂召內禁中，異之，卽爲自出妃意者，丐籍女官，號「太眞」，更爲壽王聘韋詔訓女，而太眞得幸。善歌舞，邃曉音律，且智算警穎，迎意輒悟。帝大悅，遂專房宴，宮中號「娘子」，儀體與皇后等。

天寶初，進册貴妃。追贈父玄琰太尉、齊國公。擢叔玄珪光祿卿，宗兄銛鴻臚卿，錡侍御史，尙太華公主。主，惠妃所生，最見寵遇。而釗亦寖顯。釗，國忠也。三姊皆美劭，帝呼爲姨，封韓、虢、秦三國，爲夫人，出入宮掖，恩寵聲焰震天下。每命婦入班，持盈公主等皆讓不敢就位。臺省、州縣奉請託，奔走期會過詔敕。四方獻餉結納，門若市然。建平、信成二公主以與妃家忤，至追內封物，駙馬都尉獨孤明失官。

它日，妃以譴還銛第，比中仄，帝尙不御食，笞怒左右。高力士欲驗帝意，乃白以殿中供帳、司農酒餼百餘車送妃所，帝卽以御膳分賜。力士知帝旨，是夕，請召妃還，下鑰安興坊門馳入。妃見帝，伏地謝，帝釋然，撫尉良渥。明日，諸姨上食，樂作，帝驟賜左右不可貲。由是愈見寵，賜諸姨錢歲百萬爲脂粉費。銛以上柱國門列戟，與錡、國忠、諸姨五家第舍聯亙，擬憲宮禁，率一堂費緡千萬。見它第有勝者，輒壞復造，務以瓌侈相夸詡，土木工不息。帝所得奇珍及貢獻分賜之，使者相銜於道，五家如一。

妃每從游幸，乘馬則力士授轡策。凡充錦繡官及冶瑑金玉者，大抵千人，奉須索，奇服祕玩，變化若神。四方爭爲怪珍入貢，動駭耳目。於是嶺南節度使張九章、廣陵長史王翼以所獻最，進九章銀青階，擢翼戶部侍郎，天下風靡。妃嗜荔支，必欲生致之，乃置騎傳送，走數千里，味未變已至京師。

天寶九載，妃復得譴還外第，國忠謀於吉温。温因見帝曰：「婦人過忤當死，然何惜宮中一席廣爲鈇鑕地，更使外辱乎？」帝感動，輟食，詔中人張韜光賜之。妃因韜光謝帝曰：「妾有罪當萬誅，然膚髮外皆上所賜，今且死，無以報。」引刀斷一繚髮奏之，曰：「以此留訣。」帝見駭惋，遽召入，禮遇如初。因又幸秦國及國忠第，賜兩家鉅萬。

國忠既遙領劍南，每十月，帝幸華清宮，五宅車騎皆從，家別爲隊，隊一色，俄五家隊合，爛若萬花，川谷成錦繡，國忠導以劍南旗節。遺鈿墮舃，瑟瑟璣琲，狼藉于道，香聞數十里。十載正月望夜，妃家與廣寧主僮騎爭闤門，鞭挺讙競，主墮馬，僅得去。主見帝泣，乃詔殺楊氏奴，貶駙馬都尉程昌裔官。國忠之輔政，其息昢尚萬春公主，暄尚延和郡主；弟鑑尚承榮郡主。又詔爲玄琰立家廟，帝自書其碑。銛、秦國早死，故韓、虢與國忠貴最久。而虢國素與國忠亂，頗爲人知，不恥也。每入謁，並驅道中，從監、侍姆百餘騎，炬蜜如晝，靚妝盈里，不施幃障，時人謂爲「雄狐」。諸王子孫凡婚聘，必先因韓、虢以請，輒皆遂，至數百千金以謝。

初，安祿山有邊功，帝寵之，詔與諸姨約爲兄弟，而祿山母事妃，來朝，必宴餞結歡。祿山反，以誅國忠爲名，且指言妃及諸姨罪。帝欲以皇太子撫軍，因禪位，諸楊大懼，哭于廷。國忠入白妃，妃銜塊請死，帝意沮，乃止。及西幸至馬嵬，陳玄禮等以天下計誅國忠，已死，軍不解。帝遣力士問故，曰：「禍本尚在！」帝不得已，與妃訣，引而去，縊路祠下，裹尸以紫茵，瘞道側，年三十八。

帝至自蜀，道過其所，使祭之，且詔改葬。禮部侍郎李揆曰：「龍武將士以國忠負上速亂，爲天下殺之。今葬妃，恐反仄自疑。」帝乃止。密遣中使者具棺槨它葬焉。啓瘞，故香囊猶在，中人以獻，帝視之，悽感流涕，命工貌妃於別殿，朝夕往，必爲鯁欷。

馬嵬之難，虢國與國忠妻裴柔等奔陳倉，縣令率吏追之，意以爲賊，棄馬走林。虢國先殺其二子，柔曰：「丐我死！」即幷其女刺殺之，乃自剄，不殊，吏載置于獄，問曰：「國家乎？

賊乎？」吏曰：「亙有之。」乃死，瘞陳倉東郭外。

贊曰：或稱武、韋亂唐同一轍，武持久，韋亟滅，何哉？議者謂否。武后自高宗時挾天子威福，脅制四海，雖逐嗣帝，改國號，然賞罰已出，不假借羣臣，僭於上而治於下，故能終天年，阽亂而不亡。韋氏乘夫，淫蒸于朝，斜封四出，政放不一，既鴆殺帝，引睿宗輔政，權去手不自知，戚地已疏，人心相挻，玄宗藉其事以撼豪英，故取若掇遺，不旋踵宗族夷丹，勢奪而事淺也。然二后遺後王戒，顧不厚哉！

校勘記

〔一〕敬業南度江取潤州殺刺史李思文　按本書卷九三李敬業傳云：李思文爲潤州刺史，城陷，「思溫等欲殺之，敬業不許。及揚楚平，乃獨免」。通鑑卷二〇三略同。云敬業殺思文，疑誤。

唐書卷七十七

列傳第二

后妃下

張皇后　章敬吳太后　貞懿獨孤皇后　睿眞沈太后

昭德王皇后 韋賢妃　莊憲王皇后　懿安郭太后　孝明鄭太后

恭僖王太后　貞獻蕭太后　宣懿韋太后 尙宮宋若昭　郭貴妃

王賢妃　元昭鼂太后　惠安王太后　郭淑妃　恭憲王太后

何皇后

肅宗廢后庶人張氏，鄧州向城人，家徙新豐。祖母竇，昭成皇后女弟也。玄宗幼失昭成，母視姨，鞠愛篤備。帝即位，封鄧國夫人，親寵無比。五息子，曰去惑、去疑、去奢、去逸、去盈，皆顯官。去盈尚常芬公主。去逸生后。

肅宗爲忠王時，納韋元珪女爲孺人。既建太子，以孺人爲妃，后爲良娣。妃兄堅爲李林甫構死，太子懼，請與妃絶，毁服幽禁中。安祿山反，陷于賊，至德中薨。

始，妃既絶，良娣得專侍太子，慧中而辯，能迎意傅合。玄宗西幸，娣與太子從，度渭，民鄣道乞留復長安，太子不聽。中人李輔國密啓，娣又贊其謀，遂定計北趣靈武。時軍衞單寡，夕次，娣必寢前，太子曰：「暮夜可虞，且捍賊非婦人事，宜少戒。」對曰：「方多事，若倉卒，妾自當之，殿下可徐爲計。」駐靈武，產子三日，起縫戰士衣，太子敕止，對曰：「今豈自養時邪？」乾元初，册拜淑妃，贈其父尚書左僕射，姊妹皆封號，弟淸、潛尚大寧、延和二郡主。遂立爲皇后，詔內外命婦悉朝光順門。

后能牢寵，稍稍豫政事，與李輔國相助，多以私謁橈權。親蠶苑中，羣命婦相禮，儀物甚盛。二年，羣臣上帝尊號，后亦諷羣臣尊己號「翊聖」，帝問李揆，揆爭不可。會月蝕，帝以咎在後宮，乃止。又與輔國謀徙上皇西內。端午日，帝召見山人李唐，帝方擁幼女，顧唐曰：「我念之，無怪也。」唐曰：「太上皇今日亦當念陛下。」帝泫然涕下，而內制於后，卒不敢謁西宮。帝不豫，后自箴血寫佛書以示誠。

初，建寧王倓數短后於帝，上皇在蜀，以七寶鞍賜后，而李泌請分以賞戰士，倓助泌請，故后怨，卒被譖死。繇是太子深畏，事后謹甚。后猶欲危之，然以子佋早世而侗幼，故太子得無患。寶應元年，帝大漸，后與內官朱輝光等謀立越王係，而李輔國、程元振以兵衞太子，幽后別殿。代宗已立，羣臣白帝請廢爲庶人，殺之。淸、潛與舅竇履信皆流放，支黨伏誅。

肅宗章敬皇后吳氏，濮州濮陽人。父令珪，以郫丞坐事死，故后幼入掖廷。

肅宗在東宮，宰相李林甫陰構不測，太子內憂，鬢髮斑禿。後入謁，玄宗見不悅，因幸其宮，顧廷宇不汛掃，樂器塵蠹，左右無嬪侍，帝愀然謂高力士曰：「兒居處乃爾，將軍叵使我知乎？」詔選京兆良家子五人虞侍太子，力士曰：「京兆料擇，人得以藉口，不如取掖廷衣冠子，可乎？」詔可。得三人，而后在中，因蒙幸。忽寢厭不寤，太子問之，辭曰：「夢神降我，介而劍，決我脅以入，殆不能堪。」燭至，其文尙隱然。生代宗，爲嫡皇孫。生之三日，帝臨澡之。孫體攣弱，負姆嫌陋，更取他宮兒以進，帝視之不樂，姆叩頭言非是。帝曰：「非爾所知，趣取兒來！」於是見嫡孫，帝大喜，向日視之，曰：「福過其父。」帝還，盡留內樂宴具，顧力士曰：「可與太子飲，一日見三天子，樂哉！」

后性謙柔，太子禮之甚渥，年十八薨。代宗卽位，羣臣請以后祔肅宗廟，乃追尊爲皇后，上謚，合葬建陵。啓故窆，貌澤若生，衣皆赭色，見者嘆異，謂有聖子之符云。

代宗貞懿皇后獨孤氏，失其何所人。父穎，左威衞錄事參軍。天寶中，帝爲廣平王，時貴妃楊氏外家貴冠戚里，祕書少監崔峋妻韓國夫人以其女女皇孫爲妃。妃生子偲，所謂召王者。妃倚母家，頗驕媢。諸楊誅，禮寖薄，及薨，后以姝豔進，居常專夜。王卽位，册貴妃，生韓王迥、華陽公主。大曆十年薨，追號爲皇后，上謚。帝悼思不已，故殯內殿，累年不外葬。後三年，始詔於都左治陵，欲朝夕望見之。補闕姚南仲諫而止，乃葬莊陵。詔宰相常袞爲哀册，帝於后厚，故送終華廣，務稱其情，袞極道悽婉，以中帝意。又詔羣臣爲挽辭，帝擇其尤悲者令歌之。

初，后愛遇第一，官其宗叔卓少府監，兄良佐太子中允。

代宗睿眞皇后沈氏，吳興人。開元末，以良家子入東宮，太子以賜廣平王，實生德宗。天寶亂，賊囚后東都掖廷。王入洛，復留宮中。時方北討，未及歸長安，而河南爲史思明所沒，遂失后所在。代宗立，以德宗爲皇太子，詔訪后在亡，不能得。

德宗即位，乃先下詔贈后曾祖士衡太保，祖介福太傅，父易直太師，弟易良司空，易直子震太尉。一日封拜百二十七人，詔制皆錦翠池飾，以廄馬負載賜其家。易良妻崔入謁，帝易服，召王、韋美人出拜，詔崔勿答。

建中元年，乃具册前上皇太后尊號，帝供張含元殿，具衮冕，出自左序，立東方，羣臣在位，帝再拜奉册，欷歔感咽，左右皆泣。於是中書舍人高參上議：「漢文帝即位，遣薄昭迎太后于代。今宜用漢故事，令有司擇日分遣諸沈行州縣物色咨訪，以迷宣皇帝孝思意，冀上天降休，靈命允答。須審知皇太后行在，然後遣大臣備法駕奉迎。」帝乃以睦王述爲奉迎使，工部尚書喬琳副之，昇平公主侍起居，使者分行天下。

故中官高力士女頗能言禁中事，與女官李眞一嘗從后游。李見高，疑問之，含糊不堅，而年狀差似后。又后嘗削脯啗帝，傷左指，高亦嘗剖瓜傷指。是時宮中無識后者。於是迎還上陽宮，馳以聞。帝喜，羣臣皆賀。力士子知非是，具言其情，詔貸之。帝謂左右：「吾寧受百罔，冀一得眞。」於是自謂太后者數矣，及索驗左，皆辭窮，終帝世無聞焉。貞元七年，詔贈外高祖琳爲司徒，封徐國公，爲立五廟，以琳爲始祖，詔族子房爲金吾將軍，奉其祀。

憲宗即位，有司建言：「皇太后沈氏厭代二十有七年，大行皇帝至孝，哀思罔極，建中時，發明詔，遣使者奉迎，凡舟車所至罔不逮，歲推月遷，參訪理絕。請因大行皇帝啓殯，詔羣臣爲皇太后發哀肅章內殿，中人奉褘衣置幄坐，宮中朝夕上食，告天地宗廟，上太皇太后謚册，作神主祔代宗廟，備法駕，奉褘衣，納于元陵祠室。」詔曰「可」。

德宗昭德皇后王氏，本仕家，失其譜系。帝爲魯王時納爲嬪，生順宗，尤見寵禮。既即位，册號淑妃，贈其父遇揚州大都督，子姓姻出悉得官。

貞元三年，妃久疾，帝念之，遂立爲皇后。册禮方訖而后崩，羣臣大臨三日，帝七日釋服。將葬，后母郕國鄭夫人請設奠，有詔祭物無用寓，欲祭聽之。於是宗室王、大臣李晟、渾瑊等皆祭，自發塗日日奠，終發引乃止。葬靖陵，置令丞如它陵臺。立廟，奏坤元之舞。並敕宰相張延賞、柳渾等製樂曲，帝嫌文不工；李紓上謚册曰「大行皇后」，帝又謂不典。並詔翰林學士吳通玄改譔，册曰「咨后王氏」。然議者謂岑文本所上文德皇后册言「皇后長孫氏」爲得禮。永貞元年，改祔崇陵。

德宗賢妃韋氏，戚里舊族也。祖濯，尙定安公主。初爲良娣，德宗貞元四年，册拜賢妃。宮壼事無不聽，而性敏淑，言動皆有繩矩，帝寵重之，後宮莫不師其行。帝崩，自表留奉崇陵園。元和四年薨。

順宗莊憲皇后王氏，琅邪人。祖難得，有功名於世。代宗時，后以良家選入宮，爲才人。順宗在藩，帝以才人幼，故賜之，爲王孺人，是生憲宗。王在東宮，册爲良娣。后性仁順，宮中化其德，莫不柔雍。順宗即位，疾已𤸎頓，后侍醫藥不少怠。將立后，會病棘而止。憲宗內禪，尊爲太上皇后。元和元年，乃上尊號曰皇太后。

后謹畏，深抑外家，無豪絲假貸，訓厲內職，有古后妃風。十一年崩，年五十四。遺令曰：「皇太后敬問具位。萬物之理，必歸於有極，未亡人嬰霜露疾，日以衰頓，幸終天年，得奉陵寢，志願獲矣，其何所哀。易月之典，古今所共。皇帝宜三日聽政，服二十七日釋。天下吏民，令到臨三日止。宮中非朝暮臨，無輒哭。無禁昏嫁、祠祀、飲食酒肉。已釋服，聽舉樂。侍醫無加罪。陪祔如舊制。」有司上謚，葬豐陵。

憲宗懿安皇后郭氏，汾陽王子儀之孫。父曖，尚昇平公主，實生后。憲宗爲廣陵王，娉以爲妃。順宗以其家有大功烈，而母素貴，故禮之異諸婦，是生穆宗。元和元年，進册貴妃。八年，羣臣三請立爲后，帝以歲子午忌，又是時後廷多嬖豔，恐后得尊位，鉗掣不得肆，故章報聞罷。

穆宗嗣位，上尊號皇太后，贈曖太尉，母齊國大長公主，擢兄釗刑部尚書，鏦金吾大將軍。后移御興慶宮，凡朔望三朝，帝率百官詣宮門爲壽。或歲時慶問燕饗，後宮戚里內外婦，車騎駢壅，環佩之聲滿宮。帝亦豪矜，朝夕供御，務華衍侈大稱后意。后嘗幸驪山，登覽裴回，詔景王督禁甲從，帝自到昭應奉迎，留帳飲數日還。帝崩，中人有爲后謀稱制者，后怒曰：「吾效武氏邪？今太子雖幼，尚可選重德爲輔，吾何與外事哉？」

敬宗立，號太皇太后。寶曆倉卒，后召江王嗣皇帝位，是爲文宗。文宗性謹孝，事后有禮，凡羞果鮮珍及四方奇奉，必先獻宗廟、三宮，而後御之。

武宗喜畋游，角武抃，擇五坊小兒得出入禁中。它日問后起居，從容請曰：「如何可爲盛天子？」后曰：「諫臣章疏宜審覽，度可用用之，有不可，以詢宰相。毋拒直言，勿納偏言，以忠良爲腹心，此盛天子也。」帝再拜，還索諫章閱之，往往道游獵事，自是畋幸稀，小兒武扑等不復橫賜矣。

宣宗立，於后，諸子也，而母鄭，故侍兒，有曩怨。帝奉養禮稍薄，后鬱鬱不聊，與一二侍人登勤政樓，將自隕，左右共持之。帝聞不喜，是夕后暴崩。有司上尊謚，葬景陵外園。太常官王皡請后合葬景陵，以主祔憲宗室，帝不悅，令宰相白敏中讓之。皡曰：「后乃憲宗東宮元妃，事順宗爲婦，歷五朝母天下，不容有異論。」敏中亦怒，周墀又責謂，皡終不橈，墀曰：「皡信孤直。」俄貶皡句容令。懿宗咸通中，皡還爲禮官，申抗前論，乃詔后主祔于廟。

憲宗孝明皇后鄭氏，丹楊人，或言本尒朱氏。元和初，李錡反，有相者言后當生天子。錡聞，納爲侍人。錡誅，沒入掖廷，侍懿安后。憲宗幸之，生宣宗。宣宗爲光王，后爲王太妃。及即位，尊爲皇太后。太后不肯別處，故帝奉養大明宮，朝夕躬省候焉。懿宗立，尊后爲太皇太后。咸通三年，帝奉后宴三殿，命翰林學士侍立結綺樓下。六年崩，移仗西內，上謚册，葬景陵旁園。

穆宗恭僖皇后王氏，越州人，本仕家子。幼得侍帝東宮，生敬宗。長慶時，册爲妃。敬宗立，上尊號爲皇太后，贈后父紹卿司空，母張追封趙國夫人。文宗時，稱寶曆太后。大和五年，宰相建白以太皇太后與寶曆太后稱號未辨，前代詔令不敢斥言，皆以宮爲稱，今寶曆太后居義安殿，宜曰義安太后。詔可。會昌五年崩，有司上謚，葬光陵東園。

穆宗貞獻皇后蕭氏，閩人也。穆宗爲建安王，后得侍，生文宗。文宗立，上尊號曰皇太后。

初，后去家入長安，不復知家存亡，惟記有弟，帝爲訪之。俄有男子蕭洪因后姊婿呂璋白見之，太后謂得眞弟，悲不自勝。帝拜洪金吾將軍，出爲河陽三城節度使，稍徙鄜坊。始，節度自神策出者，舉軍爲辨裝，因三倍取償。洪所代未及償而死，軍中併責償於洪，洪不許，左軍中尉仇士良憾之。會閩有男子蕭本又稱太后弟，士良以聞，自鄜坊召洪下獄按治，洪乃代人，詔流驩州，不半道，賜死。擢本贊善大夫，寵贈三世，帝以爲眞，不淹旬，賜累鉅萬。然太后眞弟庸輭莫能自達，本紿得其家系，士良主之，遂聽不疑。歷衞尉卿、金吾將軍。會福建觀察使唐扶上言，泉州男子蕭弘自言太后弟，御史臺參治非是，昭義劉從諫又爲言，請與本辨，有詔三司高元裕、孫簡、崔郇雜問，乃皆妄。本流愛州，弘儋州，而太后終不獲弟。

初，大和中，懿安太后居興慶宮，寶曆太后居義安殿，后居大內，號「三宮太后」。帝每五日問安及歲時慶謁，率繇複道至南內，羣臣及命婦詣宮門候起居。有司獻四時新物，送三宮，亦稱賜，帝曰：「上三宮，何可言賜？」遽索筆滅「賜」爲「奉」。開成中，正月望夜，帝御咸泰殿，大然鐙作樂，迎三宮太后，奉觴進壽，禮如家人，諸王、公主皆得侍。

武宗時，徙積慶殿，又號積慶太后。大中元年崩，上今謚。

穆宗宣懿皇后韋氏，失其先世。穆宗爲太子，后得侍，生武宗。長慶時，册爲妃。

武宗立，妃已亡，追册爲皇太后，上尊謚，又封后二女弟爲夫人。有司奏：「太后陵宜別制號。」帝乃名所葬園曰福陵。既又問宰相：「葬從光陵與但祔廟孰安？」奏言：「神道安於靜，光陵因山爲固，且二十年，不可更穿。福陵崇築已有所，當遂就。臣等請奉主祔穆宗廟便。」帝乃下詔：「朕因誕日展禮于太皇太后，謂朕曰：『天子之孝，莫大於承續。』今穆宗皇帝虛合享之位，而宣懿太后實生嗣君，當以祔廟。」繇是奉后合食穆宗室。

尚宮宋若昭，貝州淸陽人，世以儒聞。父廷芬，能辭章，生五女，皆警慧，善屬文。長若莘，次若昭、若倫、若憲、若荀。莘、昭文尤高。皆性素潔，鄙薰澤靚妝，不願歸人，欲以學名家，家亦不欲與寒鄉凡裔爲姻對，聽其學。若莘誨諸妹如嚴師，著女論語十篇，大抵準論語，以韋宣文君代孔子，曹大家等爲顏、冉，推明婦道所宜。若昭又爲傳申釋之。貞元中，昭義節度使李抱眞表其才，德宗召入禁中，試文章，幷問經史大誼，帝咨美，悉留宮中。帝能詩，每與侍臣賡和，五人者皆預，凡進御，未嘗不蒙賞。又高其風操，不以妾侍命之，呼學士。擢其父饒州司馬、習藝館內敎，賜第一區，加穀帛。

元和末，若莘卒，贈河內郡君。自貞元七年，祕禁圖籍，詔若莘總領，穆宗以若昭尤通練，拜尚宮，嗣若莘所職。歷憲、穆、敬三朝，皆呼先生，后妃與諸王、主率以師禮見。寶曆初卒，贈梁國夫人，以鹵簿葬。

若憲代司祕書，文宗尙學，以若憲善屬辭，粹論議，尤禮之。大和中，李訓、鄭注用事，惡宰相李宗閔，譖言因駙馬都尉沈㼆厚賂若憲求執政。帝怒，幽若憲外第，賜死，家屬徙嶺南。訓、注敗，帝悟其讒，追恨之。若倫、若荀早卒。廷芬男獨愚不可教，爲民終身。

敬宗貴妃郭氏，右威衛將軍義之子，失義何所人。長慶時，后以容選入太子宮。太子即位，爲才人，生晉王普。帝以早得子，又淑麗冠後廷，故寵異之。踰年，爲貴妃，贈義禮部尙書，兄環少府少監，賜大第。文宗立，愛晉王若己子，待妃禮不衰。亡其薨年。

武宗賢妃王氏，邯鄲人，失其世。年十三，善歌舞，得入宮中。穆宗以賜潁王。性機悟。開成末，王嗣帝位，妃陰爲助畫，故進號才人，遂有寵。狀纖頎，頗類帝。每畋苑中，才人必從，袍而騎，校服光侈，略同至尊，相與馳出入，觀者莫知孰爲帝也。帝欲立爲后，宰相李德裕曰：「才人無子，且家不素顯，恐詒天下議。」乃止。

帝稍惑方士說，欲餌藥長年，後寖不豫。才人每謂親近曰：「陛下日燎丹，言我取不死。膚澤消槁，吾獨憂之。」俄而疾侵，才人侍左右，帝熟視曰：「吾氣奄奄，情慮耗盡，顧與汝辭。」答曰：「陛下大福未艾，安語不祥？」帝曰：「脫如我言，奈何？」對曰：「陛下萬歲後，妾得以殉。」帝不復言。及大漸，才人悉取所常貯散遺宮中，審帝已崩，卽自經幄下。當時嬪媛雖常妬才人專上者，返皆義才人，爲之感慟。宣宗卽位，嘉其節，贈賢妃，葬端陵之柏城。

宣宗元昭皇后鼂氏，不詳其世。少入邸，最見寵答。及卽位，以爲美人。大中中薨，贈昭容，詔翰林學士蕭寘銘其窆，具載生鄆王、萬壽公主。後夔、昭等五王居內院，而鄆獨出閤。及卽位，是爲懿宗。外頗疑帝非長。寘出銘辭以示外廷，乃解。帝追册昭容爲皇太后，上尊謚，詔后二等以上親悉官之，配主宣宗廟，自建陵曰慶陵，置宮寢。

懿宗惠安皇后王氏，亦失所來。咸通中，册號貴妃，生普王。七年薨。十四年，王卽位，是爲僖宗。追尊皇太后，册上謚號，祔主懿宗廟，卽其園爲壽陵。后屬緦以上，帝悉官之。

懿宗淑妃郭氏，幼入鄆王邸。宣宗在位，春秋高，惡人言立太子事。王以嫡長居外宮，心常憂惴。妃護侍左右，慰安起居，終得無恙。生女未能言，忽曰：「得活。」王驚異之。及即位，以妃爲美人，進拜淑妃。

女爲同昌公主，下嫁韋保衡。保衡處內宅，妃以主故，出入娛飲不禁，是時譁言與保衡亂，莫得其端。僖宗立，保衡緣它罪爲人所發，且汙舊謗，卒貶死。妃猶處禁中。黃巢之難，天子出蜀倉卒，妃不及從，遂流落閭里，不知所終。

懿宗恭憲皇后王氏，其出至微。咸通中，列後廷，得幸，生壽王而卒。王立，是爲昭宗，追號皇太后，上謚，祔主懿宗室，即故葬號安陵，召后弟瓌官之。

景福初，瓌位任寖重，帝亦以外家倚之，爲中尉楊復恭所娼，表爲黔南節度使。瓌之鎮，道吉柏江，復恭密喻楊守亮覆其家。

昭宗皇后何氏，梓州人，系族不顯。帝爲壽王，后得侍，婉麗多智，恩答厚甚。既即位，號淑妃。從狩華州，詔册爲皇后。

光化三年，帝獵夜歸，后遣德王還邸，遇劉季述，留王紫廷院。明日，季述等挾王陳兵召百官，脅帝內禪。后恐賊臣加害天子，即取璽授季述，與帝同幽東宮。賊平，反正。

天復中，從帝駐鳳翔，李茂貞請帝勞軍，不得已，后從御南樓。會朱全忠逼帝東遷，后謂帝曰：「此後大家夫婦委身賊手矣！」涕數行下。帝奔播旣屢，威柄盡喪，左右皆悍逆庸奴，后侍膳服，無須臾去側。至洛，帝憂，忽忽與后相視無死所。已而遇弑。

哀帝即位，尊爲皇太后，宮中不敢哭，徙居積善宮，號積善太后。帝將禪天下，后亦遇害。初，蔣玄暉爲全忠邀九錫，入喩，后度不免，見玄暉垂泣祈哀，以母子託命。宣徽使趙殷衡譖於全忠曰：「玄暉等銘石像瘞積善宮，將復唐。」全忠怒，遂遣縊后，以醜名加之，廢爲庶人。

唐書卷七十八

列傳第三

宗室

太祖八子：長延伯，次眞，次世祖皇帝，次璋，次繪，次褘，次蔚，次亮。

南陽公延伯，蚤薨，無嗣。高祖武德中，與六王同追封。

譙王眞，從太祖戰歿，無嗣。

畢王璋，仕周爲梁州刺史，與趙王祐謀殺隋文帝，不克，死。生二子：曰韶，曰孝基。韶死隋世，武德時追封東平王，生子道宗。

江夏郡王道宗字承範。高祖卽位，授左千牛備身、略陽郡公。裴寂與劉武周戰度索原，寂敗，賊逼河東，道宗年十七，從秦王討賊。王登玉壁城以望，謂道宗曰：「賊恃衆欲戰，爾計謂何？」對曰：「武周席勝，剡然鋒未可當，正宜以計摧之。且烏合之衆惲持久，若堅壁以頓其銳，須食盡氣老，可不戰禽也。」王曰：「而意與我合。」既而賊糧匱，夜引去，追戰滅之。出爲靈州總管。時梁師都弟洛仁連突厥兵數萬傅于壘，道宗閉城守，伺隙出戰，破之。高祖謂裴寂曰：「昔魏任城王彰有卻敵功，道宗似之。」因封任城王。

始，突厥郁射設入居五原，道宗逐出之，震耀威武，斥地贏千里。貞觀元年，召拜鴻臚卿，遷大理。太宗方經略突厥，復授靈州都督。三年，爲大同道行軍總管，助李靖破虜，親執頡利可汗，賜封六百戶，還爲刑部尚書。吐谷渾寇邊，靖出崑丘道，詔與侯君集爲靖副。賊聞兵且至，走嶂山數千里。諸將欲止，獨道宗請窮追，靖曰：「善。」君集未從。道宗以單師進，去大軍十日，及之。吐谷渾拒險殊死鬭，道宗陰引千騎超山乘其後，賊驚，遂大潰。徙封江夏，授鄂州刺史。久之，坐貪贓，帝聞，怒曰：「朕提四海之富，士馬若林，如使轍跡環天下，游觀不度，采絕域之玩、海表之珍，顧不得邪？特以勞民自樂，不爲也。人心無蓺，當以誼制之。今道宗已王，稟賜多而貪不止，顧不鄙哉！」乃免官，削封戶，以王就第。明年，召爲茂州都督，未行，拜晉州刺史。遷禮部尚書。

侯君集破高昌還，頗怨望。道宗嘗從容奏言：「君集智小言大，且爲戎首。」帝問所以知必反者，對曰：「見其忌而矜功，恥爲房、李下，官尚書，常鬱鬱不平。」帝曰：「君集誠有功，材無不堪，朕寧惜爵位邪？弟未及耳。不宜輕億度，使自猜危。」既而君集反，帝笑曰：「如公素揣。」

帝將討高麗，先遣營州都督張儉輕騎度遼規形勢，儉畏，不敢深入。道宗請以百騎往，帝許之，約其還，曰：「臣請二十日行，留十日覽觀山川，得還見天子。」因秣馬束兵，旁南山入賊地，相易險，度營陣便處。將還，會高麗兵斷其路，更走間道，謁帝如期。帝曰：「賁、育之勇何以過！」賜金五十斤，絹千匹。

乃詔與李勣爲前鋒，濟遼，拔蓋牟城。會賊救至，道宗與總管張君乂領騎裁四千，虜十倍，皆欲浚溝保險須帝至，道宗曰：「賊遽來，其兵必疲，我一鼓摧之，固矣。昔耿弇不以賊遺君父，吾爲前軍，當淸道迎乘輿，尙何待？」勣善之。選壯騎數十，突進賊營，左右出入，勣合擊，大破之。帝至，咨美，賜奴婢四十口。乃築拒闉，攻安市城，闉毁傅城，道宗失部分，反爲賊據。帝斬其果毅傅伏愛，道宗跣行請罪，帝曰：「漢武帝殺王恢，不如秦穆公赦孟明。」遂置不問。在陣傷足，帝親加砭治，賜御膳。還，以疾辭劇就閑，改太常卿。

高宗永徽初，房遺愛以反誅，長孫无忌、褚遂良與道宗有宿怨，誣與遺愛善，流象州，道病薨，年五十四。无忌等得罪，詔復爵邑。道宗晚好學，接士大夫，不倨于貴。國初宗室，唯道宗、孝恭爲最賢。子景恆，封盧國公，相州刺史。

道宗弟道興，武德初，爵廣寧郡王，以屬疏降封縣公。貞觀九年，爲交州都督，以南方瘴厲，恐不得年，頗忽忽憂悵，卒于官，贈交州都督。

永安壯王孝基，武德初得王，歷陜州總管、鴻臚卿，以罪奪官。

二年，劉武周寇太原，夏人呂崇茂以縣應賊。詔孝基爲行軍總管攻之，工部尚書獨孤懷恩、內史侍郎唐儉、陜州總管于筠隸焉。筠請急攻城，絕外援，且當有變。時懷恩挾異計，紿說孝基曰：「夏城堅，攻之引日，宋金剛在近，內拒外彊，一敗塗地。不如頓兵待秦王破賊，則夏自孤，此謂不戰而屈人也。」孝基謂然。會尉遲敬德至，與崇茂夾𢈔官師，遂大敗。孝基及筠等皆執於賊，謀亡歸，爲賊所害。高祖爲發哀，優賜其家。晉陽平，購尸不獲，招魂以葬，贈左衞大將軍及謚。

無子，以兄子道立嗣，封高平王，後降封縣公，終陳州刺史。曾孫涵。

涵，簡素忠謹，爲宗室俊。累授贊善大夫。郭子儀表爲關內鹽池判官。肅宗至平涼，未知所從。朔方留後杜鴻漸等條士馬倉廥，使涵奉牋馳謁肅宗。涵旣見，敷奏明辯，肅宗悅，除左司員外郎，再遷宗正少卿。

寶應初，河朔平，涵方母喪，奪哀持節宣慰，所至州縣，非公事未嘗言，蔬飯水飲，席地以瞑。使還，固請終制，代宗見其癯毁，許之。服除，擢給事中，遷兵部侍郎。朱希彩殺李懷仙，復宣慰河北，還爲浙西觀察使。居五歲，入朝，拜御史大夫、京畿觀察使。德宗嗣位，以涵和易無所繩舉，除太子少傅、山陵副使。以父諱徙光祿卿。未幾，遷左散騎常侍，以尚書右僕射致仕，累封襄武縣公，卒，贈太子太保。

子鍔，貞元初爲饒州別駕。妾高以善歌入宮，鍔因御醫許泳通書，坐誅。

雍王繪爲隋夏州總管。子贇，追爵河南王，生道玄。

淮陽壯王道玄，性謹厚，習技擊，然進止都雅。武德初，例王。年十五，從秦王擊宋金剛於介州，先登，王壯之，賞予良厚。討王世充，戰多。竇建德屯虎牢，王輕騎致賊，遣道玄伏以待，賊至，走之。轉戰汜水，登南坂，貫賊陣出其背，復引還，賊皆靡，所發命中。王喜，以副騎給之。每赴敵，飛矢著身如蝟，氣益厲。東都平，爲洛州總管。府廢，更授刺史。俄爲山東道行軍總管討劉黑闥，以多見褒。

黑闥再亂，道玄率史萬寶戰下博，越滹馳，約萬寶繼進，萬寶素少之，不肯前，曰：「吾被詔，以王兒子名大將，而軍進退實在我。今其輕剽，若大軍竭馳，必陷滹，莫如以王啗賊，我結陣待之，雖不利王，而利國也。」道玄遂戰歿，年十九。萬寶爲賊所乘，舉軍潰，身獨免。太宗追悼曰：「自兵興，兒常從我，每見我深入輒克，故慕之。惜其少，遠圖不究，哀哉！」因流涕。贈左驍衞大將軍及謚。

無子，以弟道明嗣王，遷左驍衞大將軍。貞觀十四年，與武衞將軍慕容寶節送弘化公主於吐谷渾，坐漏言主非帝女，奪王，終鄆州刺史。六世孫漢。

漢字南紀，少事韓愈，通古學，屬辭雄蔚，爲人剛，略類愈。愈愛重，以子妻之。擢進士第，遷累左拾遺。

敬宗侈宮室，舶賈獻沈香亭材，帝受之，漢諫曰：「以沈香爲亭，何異瑤臺瓊室乎？」是時，王政謬僻，漢言切，多所救補。坐婞訐出佐興元幕府。

文宗立，召爲屯田員外郎、史館修撰。論次憲宗實錄，書宰相李吉甫事不假借，子德裕惡之。會李宗閔當國，擢知制誥，稍進御史中丞，吏部侍郎。初，德裕貶袁州，漢助爲排擠，後德裕復輔政，漢坐宗閔黨出爲汾州刺史，宗閔再逐，改州司馬。詔有司不二十年不得用。然不數歲，徙絳州長史，遂不復振。大中時，召拜宗正少卿，卒。

始，漢爲中丞，表孔温業爲御史，及漢晚見召，温業已爲中丞，每燕集，人以爲榮。

郇王褘，爲隋上儀同三司。生子叔良、德良、幼良。

長平肅王叔良，武德初，例王，鎭涇州，捍薛仁杲。仁杲內史令翟長孫以衆降。於是大饑，米斗千錢，叔良不恤士，損糧以漁利，下皆怨。仁杲知之，陽言食盡，去，遣高墌人詭降。叔良遣驃騎劉感受之，未至城，三烽發，仁杲兵自南原譟而還，大戰百里細川，感爲賊執。叔良懼，悉出金勞軍，委事於長孫，乃克安。

久之，突厥入寇，詔叔良率五將軍擊之，中流矢，道薨。贈左翊衞大將軍、靈州總管。子孝協嗣。

孝協，始王范陽，俄降爲郇國公、魏州刺史。麟德中，坐贓抵死，司宗卿隴西王博乂等爲言於高宗求貸，帝不許，遂自殺。

弟孝斌爲原州都督府長史。生子思訓，爲江都令。武后多殺宗室，思訓棄官去。中宗復位，以耆舊擢宗正卿，封隴西郡公，歷益州都督府長史。開元初，進彭國公，加戶滿四百，進右武衞大將軍。卒，贈秦州都督，陪葬橋陵。思訓善畫，世所謂「李將軍山水」者。弟思誨，爲揚州參軍事。子林甫，自有傳。

新興郡王德良，少以疾不任職。薨，贈涼州都督。

孫晉，先天中，爲雍州長史，治有名，襲王。坐豫太平公主謀被誅，改氏「厲」。晉就刑，僚吏奔解，唯司功參軍李撝從王如它日，晉死，哭其尸盡哀。姚元崇歎曰：「欒、向儔邪！」擢爲尚書郎。

長樂郡王幼良，資暴急，高祖數曉勒，不悛。有盜其馬者，輒殺之。帝怒曰：「盜信有罪，王而專殺可乎？」詔禮部尚書李綱召宗室卽朝堂杖之百，乃釋。出爲涼州都督，嘯不逞爲左右，市里苦之。

太宗立，或告王陰養士，交境外。詔中書令宇文士及往代，幷按狀。士及縄之急，左右恐，欲劫王由間道趨長安自明，不卽北奔突厥。士及露劾，帝復遣侍御史孫伏伽鞫視，無異辭，遂賜死。六世孫回，別傳。

蔡烈王蔚爲周朔州總管，生子安、哲。

西平懷王安，仕隋爲右領軍大將軍，封趙公。武德時，例王。生子琛、孝恭、瑊、瓌。

襄武郡王琛字仲寶。木訥少文。隋義寧初，封襄武郡公，與太常卿鄭元璹持女伎聘突厥始畢可汗，約和親。始畢禮之，贈遺蕃渥，遣骨吐祿特勒隨琛入獻，授刑部侍郎。武德初，始王，歷利、蒲、絳三州總管。宋金剛陷澮州，稽胡多叛，詔琛鎮隰州，政寬簡，爲夷夏愛便。薨，子儉襲王，例降爲公。

河間元王孝恭，少沈敏，有識量。高祖已定京師，詔拜山南招尉大使，徇巴蜀，下三十餘州。進擊朱粲，破之，俘其衆，諸將曰：「粲徒食人，摯賊也，請阬之。」孝恭曰：「不然，今列城皆吾寇，若獲之則殺，後渠有降者乎？」悉縱之。繇是牒檄所至輒下。

明年，拜信州總管，承制得拜假。當是時，蕭銑據江陵，孝恭數進策圖銑，帝嘉納。進王趙郡，以信州爲夔州。乃大治舟艦，肄水戰。會李靖使江南，孝恭倚其謀，遂圖江陵，盡召巴蜀首領子弟收用之，外示引擢而內實質也。俄進荆湘道總管，統水陸十二軍發夷陵，破銑二鎮，縱戰艦放江中。諸將曰：「得舟當濟吾用，棄之反資賊，奈何？」孝恭曰：「銑之境，南際嶺，左薄洞庭，地險士衆，若城未拔而援至，我且有內外憂，舟雖多，何所用之？今銑瀕江鎭戍，見艫舳蔽江下，必謂銑已敗，不即進兵，覘候往返，以引救期，則吾旣拔江陵矣。」已而救兵到巴陵，見船，疑不進。銑內外阻絕，遂降。帝悅，遷荆州大總管，詔圖破銑狀以進。

孝恭治荆，爲置屯田，立銅冶，百姓利之。遷襄州道行臺左僕射。時嶺表未平，乃分遣使者，綏輯安慰，其款附者四十有九州，朝廷號令暢南海矣。

未幾，輔公祏反，寇壽陽，詔孝恭爲行軍元帥討之。引兵趨九江，李靖、李勣、黃君漢、張鎭州、盧祖尙皆稟節度。將發，大饗士，杯水變爲血，坐皆失色，孝恭自如，徐曰：「禍福無基，唯所召爾！顧我不負於物，無重諸君憂。公祏禍惡貫盈，今仗威靈以問罪，杯中血，乃賊臣授首之祥乎！」盡飮罷，衆心爲安。公祏將馮惠亮等拒險邀戰，孝恭堅壁不出，遣奇兵絕饟道，賊饑，夜薄營，孝恭臥不動。明日，使羸兵扣賊壘挑之，祖尙選精騎陣以待。俄而兵卻，賊追北且嚻，遇祖尙軍，薄戰，遂大敗。惠亮退保梁山，孝恭乘勝破其別鎭，賊赴水死者數千計。公祏窮，棄丹楊走，騎窮追，生禽之，江南平。璽書褒美，賜甲第一區、女樂二部、奴婢七百口、寶玩不貲。進授東南道行臺左僕射。行臺廢，更爲揚州大都督。

孝恭再破巨賊，北自淮，東包江，度嶺而南，盡統之。欲以威重夸遠俗，乃築第石頭城，陳盧徼自衞。或誣其反，召還，頗爲憲司鞫詰，旣無狀，赦爲宗正卿。賜實封千二百戶。歷涼州都督、晉州刺史。貞觀初，爲禮部尚書，改王河間。性奢豪，後房歌舞伎百餘，然寬恕退讓，無矜伐色，太宗用是親重之，宗室莫比也。嘗謂人曰：「吾所居頗壯麗，非吾心也。當別營一區，令粗足充事而已。吾歿後，子也才，易以守；不才，不爲他人所利。」十四年，中飲暴薨，年五十。帝哭之慟，贈司空、揚州都督及謚，陪葬獻陵。

始，隋亡，盜賊徧天下，皆太宗身自討定，謀臣驍帥並隸麾下，無特將專勳者，惟孝恭獨有方面功以自見云。子崇義、晦。

崇義嗣王，降封譙國公，歷蒲、同二州刺史、益州都督府長史，有威名。終宗正卿。

晦，乾封中爲營州都督，以治狀聞，璽書勞賜。遷右金吾將軍，檢校雍州長史，擿摘姦伏無留隱，吏下畏之。高宗將幸洛，詔晦居守，謂曰：「關中事一以屬公，然法令牽制，不可以成政，法令外苟可以利人者行之，毋須以聞。」故晦治有異績。武后時，遷秋官尚書。卒，贈幽州都督。初，晦第起觀閣，下臨肆區，其人候晦曰：「庶人不及以禮，然室家之私，不願外窺，今將辭公。」晦驚，遽毀徹之。子榮，奉吳王恪祀。

濟北郡王瑊，武德中，爲尚書左丞，例王。終始州刺史。

漢陽郡王瓌，始爲郡公，進王。高祖使持幣遺突厥頡利可汗言和親事。頡利始見瓌，倨甚。瓌開說，示以厚幣，乃大喜，改容加禮，因遣使隨入獻名馬。後復聘，頡利謂其下曰：「前瓌來，悔不少屈之，當使拜我。」瓌伺知之，既見頡利，即長揖。頡利怒，留不遣。瓌意象自若，不爲屈。虜知不可劫，卒以禮遣。

遷左武候將軍，代孝恭爲荆州都督，政務清靜。嶺外酋豪數相攻，瓌遣使諭威德，皆如約，不敢亂。後例爲公。長史馮長命者，嘗爲御史大夫，素貴，事多專決，瓌怒，杖之，坐免。起爲宜州刺史、散騎常侍，薨。

濟南郡王哲，爲隋柱國、備身將軍，追王。

子瑗。

廬江郡王瑗字德圭。武德時，例王，累遷山南東道行臺右僕射。與河間王孝恭合討蕭銑，無功。更爲幽州都督。瑗素懦，朝廷恐不任職，乃以右領軍將軍王君廓輔行。君廓，故盜也，其勇絕人，瑗倚之，許結婚，寄心腹。

時隱太子有陰謀，厚結瑗。太子死，太宗令通事舍人崔敦禮召瑗，瑗懼有變。君廓內險賊，欲以計陷瑗而取己功，即謂瑗曰：「事變未可知，大王國懿親，受命守邊，擁兵十萬，而從一使者召乎？且趙郡王前已屬吏，今太子、齊王又復爾，大王勢能自保邪？」因泣。瑗信之，曰：「以命累公。」乃囚敦禮，勒兵，召北燕州刺史王詵與計事。兵曹參軍王利涉說瑗曰：「王今無詔擅發兵，則反矣。當須權結衆心。若諸刺史召之不至，將何以全？」瑗曰：「奈何？」對曰：「山東豪傑嘗爲竇建德所用，今失職與編戶夷，此其思亂，若旱之望雨。王能發使，使悉復舊職，隨在所募兵，有不從，得輒誅之，則河北之地可呼吸而有。然後遣王詵外連突厥，繇太原南趨蒲、絳，大王整駕西入關，兩軍合勢，不旬月天下定矣。」瑗從之，以內外兵悉付君廓。利涉以君廓多翻覆，請以兵屬詵，瑗猶豫，君廓密知之，馳斬詵首，徇于軍曰：「李瑗與王詵反，錮敕使，擅追兵，今詵已斬，獨瑗在，無能爲也。諸君從之且族滅，助我者富貴可得！」衆曰：「願討賊。」乃出敦禮于獄。瑗聞之，率左右數百被甲出。君廓呼曰：「瑗誖亂，諸君皆詿誤，若何從之以取夷戮？」衆反走。瑗罵君廓曰：「小人賣我，行自及！」即禽瑗縊之，傳首京師，廢爲庶人，絕屬籍。

鄭孝王亮，仕隋爲海州刺史，追王。生子神通、神符。

淮安靖王神通，少輕俠。隋大業末在長安。會高祖兵興，吏逮捕，亡命入鄠南山，與豪英史萬寶、裴勣、柳崇禮等舉兵應太原，約司竹賊帥何潘仁連和，進與平陽公主兵合，徇鄠下之。自署關中道行軍總管，以萬寶爲副，勣爲長史，崇禮爲司馬，令狐德棻爲記室。從平京師，爲宗正卿，典兵宿衞。王永康郡，俄徙淮安。

武德初，拜山東安撫大使，黃門侍郎崔幹副之，進擊宇文化及于魏。化及敗走聊城，神通追北，賊糧盡願降，神通不肯受，幹請納之，神通曰：「師久暴露，今賊食盡，克不旦暮，正當破之，以玉帛酬戰力。若降，吾何所藉手？」幹曰：「竇建德危至，而化及未平，我轉側兩賊間，勢必危，王又貪其玉帛，敗不日。」神通怒，囚幹軍中。

會士及自濟北餽軍，化及復振。神通進兵薄其壘，貝州刺史趙君德先登拔堞，神通忌其功，止軍不進。君德怒，詬而還，城復堅。神通遣兵走魏州取攻具，爲莘人所乘，引卻。後二日，建德拔聊城，勢遂張，山東州縣靡然歸之。神通麾下多亡，乃退保黎陽，依李世勣，俄爲建德所虜。後與同安公主自賊歸。及建德滅，復授河北行臺左僕射。從平劉黑闥，還左武衞大將軍。薨，贈司空。

神通十一子，得王者七人，道彥、孝詧、孝同、孝慈、孝友、孝節、孝義，後皆降王。孝逸爵公。孝銳不得封，有子齊物顯。

膠東郡王道彥，幼孝謹。初，神通避吏于鄠，被疾山谷間，累旬食盡，道彥羸服丐人間，或採野實以進；神通未食，不敢先，卽有所分，辭以飽，乃藏弃以待。高祖初，封義興郡公，例得王。貞觀初，爲相州都督，徙岷州，以父喪解。荷土就墳，躬蒔松柏，偃廬柴毀，雖親友不復識。太宗嗟歎，敕侍中王珪臨諭。

服除，復拜岷州都督。間遣入党項諭國威靈，區落降。從李靖擊吐谷渾，詔道彥爲赤水道總管。帝厚以利啖党項，使爲鄉導，其酋拓拔赤辭詣靖自言：「隋擊吐谷渾，我資其軍，而隋無信，反見仇剽。今將軍若無它，我願資糧，將復如隋乎？」諸將與歃血遣之。道彥至闊水，見無備，因掠其牛羊，諸羌怨，卽引兵障野狐峽，道彥不得進，爲赤辭所乘，軍大敗，死者數萬，退保松州。詔減死，謫戍邊。久之，召爲嬀州都督。卒，贈禮部尚書。

初，武德五年同封者，孝詧爲高密王，孝同淄川王，孝慈廣平王，孝友河間王，孝節清河王，孝義膠西王。於是唐始興，務廣支蕃鎭天下，故從昆弟子自勝衣以上，皆爵郡王。太宗卽位，擧屬籍問大臣曰：「盡王宗子於天下，可乎？」封德彝曰：「漢所封，惟帝子若親昆弟；其屬遠，非大功不王。如周郇滕、漢賈澤尙不得茆土，所以別親疏也。先朝一切封之，爵命崇而力役多，以天下爲私奉，非所以示至公。」帝曰：「朕君天下以安百姓，不容勞百姓以養己之親。」於是疏屬王者皆降爲公，唯嘗有功者不降。故道彥等並降封公。

孝逸，少好學，頗屬文。始封梁郡公。高宗時，四遷益州大都督府長史。武后擅國，入爲左衞將軍，親遇之。

徐敬業稱兵，以孝逸爲左玉鈐衞大將軍、揚州行軍大總管，帥師南討。至淮，而敬業已攻潤州，遣弟敬猷壁淮陰，僞將韋超據都梁山以拒孝逸，超衆憑險完屯。孝逸會諸將議曰：「賊今負山，攻則士無所用力，騎不得騁，寇救死，傷夷必衆。不如偏旅綴之，全軍趨揚州，勢不數日可破。」支度使薛克構曰：「超雖據險，然兵少，若置小敵不擊，無以示威；拔衆以守，則戰有闕。捨之則後憂，不如擊之。若克超，淮陰自震，淮陰破，楚諸縣開門候官軍矣。由是以趨江都，逆首可取。」孝逸從之，登山急擊超，殺數百人，薄暝解，超夜走。進擊敬猷淮陰，破之。敬業回軍下阿溪，孝逸引兵直度，敬業大敗，遂拔揚州。以功進鎭軍大將軍，徙封吳國公，威名稜然。武承嗣等忌之，以讒下遷施州刺史。又使人騰惡語聞上，武后信之，以嘗有功，貸死，流儋州，薨。景雲初，贈金州大都督。

孝同曾孫國貞。

國貞父廣業，爲劍州長史。國貞剛鯁，有吏才。乾元中，由長安令遷河南尹。史思明寇東都，李光弼壁河陽，國貞率官吏西走陝，數月，召爲京兆尹。上元初，拜劍南節度使，召爲殿中監，以戶部尚書持節朔方、鎭西、北庭、興平、陳鄭節度行營兵馬及河中節度都統處置使，治于絳。尋加晉、絳、慈、隰、沁等州觀察處置使。既至，糧乏，而所儲陳腐，民貧不忍遽斂，上書以聞。而軍中讙謗，突將王振乘衆怨紿曰：「具畚鍤以待役事。」衆皆怒，夜燒牙門。左右奔告，請避之，國貞曰：「吾被命爲將，其可棄城乎？」固請，乃逃獄中。振引衆劫取之，置食其前曰：「食是而役其力，可乎？」國貞曰：「與爾等方討賊，何事役爲？正緣儲食腐儉，已請諸朝，吾何所負？」衆服其言，且引去。振曰：「都統不死，吾曹殆矣！」遂害之，并殺其二子及三大將。有詔以郭子儀代之。國貞清白善用法，世稱辦吏，然峻於操下，故其衆思得子儀，而振因肆其惡。及子儀至，振自謂且見德，子儀怒曰：「汝臨賊境而害主將，賊若乘虛，是無絳矣，又欲爲功乎？」即斬以徇。詔贈國貞揚州大都督。

子錡，自有傳。

孝節曾孫暠，少孤，事母孝。始爲枝江丞，荆州長史張柬之曰：「帝宗千里駒，吾得其人！」累擢衞尉少卿。居母喪，柴瘠，訖除，家人未嘗見言笑。與兄昇、弟暈相友。開元初，爲汝州刺史，政嚴簡，有治稱。昆弟繇東都候之，輒羸服往，州人無知者，其清愼擧如此。四遷至黄門侍郎，檢校太原以北諸軍節度使。太原俗爲浮屠法者，死不葬，以尸棄郊飼鳥獸，號其地曰「黄阬」。有狗數百頭，習食胔，頗爲人患，吏不敢禁。暠至，遣捕羣狗殺之，申厲禁條，約不再犯，遂革其風。二十一年，以工部尚書持節使吐蕃，既還，金城公主請明疆埸，表石赤嶺上，盟遂堅定。還，以奉使有指，再遷吏部。暠，美風儀，以莊重稱，當時有宰相望。累爲太子少傅、武都縣伯。卒，贈益州大都督。

暈至太僕少卿。暈子進亦知名，好從當世賢士游，賙人之急，累擢給事中。至德初，從廣平王東征，以工部侍郎署雍王元帥府行軍司馬，爲回紇鞭之幾死。還兵部。卒，贈禮部尙書。

孝節四世孫說，字巖甫。父遇及，天寶時爲御史中丞、東畿採訪使。說以蔭補率府兵曹參軍。馬燧節度太原，辟署少尹，遷汾州刺史。李自良代燧，復奏爲少尹。大將張瑤得士心，嘗請告未許，而自良卒，說與監軍王定遠祕其喪，前給瑤告，以毛朝陽代之，然後告喪。詔以通王爲節度大使，授說行軍司馬、節度留後。

定遠自以有勞於說，頗横恣，請別賜印，監軍有印自定遠始。於是擅補吏，易置諸將。彭令茵者，以久勞不服，定遠怒，殺之，埋馬矢中，其家請尸，不許，舉軍怨。說上其事，德宗以奉天扈從功，恕死免官。詔未至，定遠謀刺說，說走而免。定遠召諸將，出笥中詔書紿曰：「詔以李景略知留後，召說還。公等皆有除。」諸將欲拜，大將馬良輔呼曰：「妄言也，不可受！」定遠懼，走乾陽樓，召麾下皆不至，自投下死。說盡斬同謀者，乃安。擢說檢校禮部尙書、節度使。累封隴西縣男。

說精于職，築天成軍，邊備積完。晚被疾，不能事，軍幾亂。卒，贈尙書右僕射。

齊物字道用。天寶初，擢累陝州刺史。開砥柱，通漕路，發重石，下得古鐵戟若鏵然，銘曰「平陸」。上之，詔因以名縣。遷河南尹，坐與李適之善，貶竟陵太守，還，遷京兆尹，太子太傅，兼宗正卿。卒，贈太子太師。性苛察少恩，喜發人私，然絜廉自喜，吏無敢欺者。忿陝尉裴冕，械而折愧之，及冕當國，除齊物太子賓客，世善冕能損怨云。

子復。

復字初陽，以蔭仕，累爲江陵司錄參軍。衞伯玉才之，表江陵令。遷少尹，歷饒、蘇二州刺史。李希烈叛，荆南節度使張伯儀數爲賊窘，朝廷以復在江陵得士心，即母喪奪爲少尹，充行軍司馬，佐伯儀。會伯儀罷，改容州刺史，兼本管招討使。先是，西原亂，吏獲反者沒爲奴婢，長役之。復至，使訪親戚，一皆原縱。在容三年，人以賴安。轉嶺南節度使，時安南經略使高正平、張應繼卒，其佐李元度、胡懷義等因阻兵脅州縣，肆爲姦贓。復至，誘懷義杖死，流元度，南裔肅然。教民作陶瓦，鐫諭蠻獠，收瓊州，置都督府，以綏定其人。召拜宗正卿。歷華州刺史。貞元十年鄭滑節度使李融卒，軍亂，以復檢校兵部尙書代融節度。復下令槩營田以稟其軍，而賦不及民，衆悅。加檢校尙書右僕射。卒，年五十九，贈司空，謚曰昭。復更方鎭，所在稱治，然頗嗜財，爲世所譏。

從父若水，爲左金吾大將軍，兼通事舍人，容貌瓌偉，在朝三十年，多識舊儀，每宣勞揖贊，進止閑華，有可觀者。

襄邑恭王神符字神符，少孤，事兄謹。高祖兵興，神符留長安，爲衞文昇所囚。京師平，封安吉郡公。帝受禪，例王。遷幷州總管。

頡利可汗盜邊，神符與戰汾東，斬級五百，獲馬二千。又戰沙河，獲乙利達官，得可汗所乘馬及鎧。召爲太府卿。遷揚州大都督，自丹楊度江，治隋江都故郡，揚人利之。然少威嚴，不爲下所畏。累擢宗正卿，以足不良改光祿大夫，歸第，月給羊酒。太宗就第尉問，又令乘小輿入紫微殿，三衞挾輿以升。遷開府儀同三司。永徽二年薨，年七十三，贈司空、荆州都督，陪葬獻陵。

子七人，並爵郡王，例降公。惟德懋、文暕知名。德懋，官少府監、臨川郡公。五世孫從晦。文暕，幽州都督、魏國公。垂拱中，坐累貶藤州別駕，誅。子挺、捷，捷襲封。挺曾孫程，捷曾孫石，別傳。

從晦祖模，仕至德中爲猗氏令。史思明陷洛陽，賊帥掠諸縣，模率衆拒平之。稍遷黔中觀察使。終太子賓客，贈太子太保，謚曰敬。

從晦寶曆初及進士第，擢累太常博士。甘露之禍，御史中丞李孝本被誅，從晦以族昆弟貶朗州司戶參軍。改澶王府諮議，分司東都。忌者重發前坐，下遷亳州司馬。久乃轉吏部郎中，兼侍御史，知雜事。出爲常州刺史，鎭海軍節度使。李琢表其政，賜金紫。歷京兆尹、工部侍郎、山南西道節度使。又以最就進銀青光祿大夫。卒，年六十三，贈吏部尙書。

從晦姿質偉岸，所至以風力聞。少與崔龜從、李景讓、裴休善。獎目後進，名知人；楊收方布衣，進謁，從晦一見如雅識，卽待以公輔，後果宰相。

世祖四子：長曰澄，次湛，次洪，次高祖神堯皇帝。

梁王澄，蚤薨，無嗣。武德初，與二王同追封。

蜀王湛，生子博乂、奉慈。

隴西恭王博乂，武德初，與奉慈例王。高宗時，擢累禮部尚書，特進。驕侈不循法度，伎妾數百，曳羅紈，甘粱肉，放於聲樂以自娛。其弟奉慈亦荒縱，皆爲帝所鄙。嘗曰：「吾仇人有善且用之，況親戚乎？王等昵小人，專爲不軌，先王墳典不聞學，何以爲善哉？」各賜市書絹二百疋，以愧切之，然不自克也。薨，贈開府儀同三司、荊州都督。

渤海敬王奉慈，顯慶時，爲原州都督，薨。

七世孫戡。

戡字定臣，幼孤。年十歲所卽好學，大寒，掇薪自炙。夜無然膏，默念所記。年三十，明六經，舉進士，就禮部試，吏唱名乃入，戡恥之。明日，徑返江東，隱陽羨里。陽羨民有鬬爭不決，不之官而詣戡以辨。凡論著數百篇。常惡元和有元、白詩，多纖豔不逞，而世競重之。乃集詩人之類夫古者，斷爲唐詩，以譏正其失云。平盧節度使王彥威表爲巡官，府遷，還洛陽，卒。

贊曰：景、元子孫，當草昧之初，乘運而奮，方高祖攘除四方，所以宣力，皆顯顯爲世豪英。至河間之功，江夏之略，可謂宗室標的者也。

始，唐興，疏屬畢王，至太宗，稍稍降封。時天下已定，帝與名臣蕭瑀等喟然講封建事，欲與三代比隆，而魏徵、李百藥皆謂不然。徵意以唐承大亂，民人彫喪，始復生業，遽起而瓜分之，故有五不可之說。百藥稱帝王自有命，曆祚之短長不繇封建。又舉春秋二百四十二年之禍，亟於哀、平、桓、靈，而詆曹元首、陸士衡之言以爲繆悠。而顏師古獨議建諸侯，當少其力，與州縣雜治，以相維持。然天子由是罷不復議。

至名儒劉秩目武氏之禍，則建論以爲設爵無土，署官不職，非古之道，故權移外家，宗廟絕而更存。存之之理，在取順而難逆；絕之之原，在單弱而無所憚。至謂郡縣可以小寧，不可以久安。大抵與曹、陸相上下。而杜佑、柳宗元深探其本，據古驗今，而反復焉。

佑之言曰：「夫爲人置君，欲其蕃息則在郡縣，然而主祚常促；爲君置人，不病其寡則在建國，然而主祚常永。故曰，建國利一宗，列郡利百姓。且立法未有不敝者，聖人在度其患之長短而爲之。建國之制，初若磐石，然敝則鼎峙力爭，陵遲而後已，故爲患也長。列郡之制，始天下一軌，敝則世崩俱潰，然而戡定者易爲功，故其爲患也短。」又謂：「三王以來，未見郡縣之利，非不爲也，後世諸儒因泥古彊爲之說，非也。」

宗元曰：「封建非聖人意，然而歷堯、舜、三王莫能去之，非不欲去之，勢不可也。秦破六國，列都會，置守宰，據天下之圖，攝制四海，此其得也。二世而亡，有由矣。暴威刑，竭人力，天下相合，劫令殺守，圜視而並起，時則有叛民，無叛吏。漢矯秦枉，剖海內，立宗子功臣，數十年間奔命扶傷不給，時則有叛國，無叛郡。唐興，制州縣，而桀黠時起，失不在州而在於兵，時則有叛將，無叛州。」以爲「矯而革之，垂二百年，不在諸侯明矣」。又言「湯之興，諸侯歸者三千，資以勝夏；武王之興，會者八百，資以滅商。徇之爲安，故仍以爲俗，是湯、武之不得已也。不得已，非公之大也，私其力於己也。秦革之者，其爲制，公之大者也；其情，私也。然而公天下之端自秦始」云。

觀諸儒之言，誠然。然建侯置守，如質文遞救，亦不可一槩責也。救土崩之難，莫如建諸侯；削尾大之勢，莫如置守宰。唐有鎮帥，古諸侯比也。故王者視所救爲之，勿及於敝則善矣。若乃百藥推天命、佑言郡縣利百姓而主胙促，乃臆論也。

唐書卷七十九

列傳第四

高祖諸子

隱太子建成　衞王玄霸　巢王元吉　楚王智雲　荆王元景
漢王元昌　酆王元亨　周王元方　徐王元禮　韓王元嘉 黃公譔
彭王元則　鄭王元懿　霍王元軌　虢王鳳　道王元慶
鄧王元裕　舒王元名　魯王靈夔　江王元祥　密王元曉
滕王元嬰

高祖二十二子：竇皇后生建成、太宗皇帝、玄霸、元吉，萬貴妃生智雲，莫嬪生元景，孫嬪生元昌，尹德妃生元亨，張氏生元方，郭婕妤生元禮，宇文昭儀生元嘉及第十九子靈夔，王才人生元則，張寶林生元懿，張美人生元軌，楊美人生鳳，劉婕妤生元慶，崔嬪生元裕，小楊嬪生元名，楊嬪生元祥，魯才人生元曉，柳寶林生元嬰。

隱太子建成小字毗沙門。資簡弛，不治常檢，荒色嗜酒，畋獵無度，所從皆博徒大俠。隋末，高祖被詔捕賊汾、晉間，留建成護家，居河東。高祖已起兵，密召與元吉赴太原，隋人購之急，從間道至，授左領軍大都督，封隴西郡公。引兵略定西河，從平京師。唐國建，爲世子，開府置官屬。又遷撫軍大將軍，爲東討元帥，將萬人徇洛陽，授尚書令。高祖受禪，立爲皇太子。詔率將軍桑顯和擊司竹羣盜，平之。涼州人安興貴殺李軌，以衆降，詔趣原州應接。建成素驕，不恤士，雖甚暑，晝夜馳獵，衆不堪其勞，亡者過半。帝欲其習事，乃敕非軍國大務聽裁決之。又以李綱、鄭善果爲宮官，參謀議。稽胡劉仚成寇邊，詔建成進討，破之鄜州，斬虜千計，引渠長悉官之，使還招羣胡。仚成與它大帥降，建成畏其衆，紿欲城州縣者，使降胡操築，陰勒兵殺六千人，仚成奔梁師都。嘗循行北邊，遇賊四百出降，悉馘其耳縱之。

中允王珪、洗馬魏徵以帝初興，建成不知謀，而秦王數平劇寇，功冠天下，英豪歸之，陰許立爲皇太子，勢危甚。會劉黑闥亂河北，珪等進說曰：「殿下特以嫡長居東宮，非有功德爲人所稱道。今黑闥痍𢧐殘孽，衆不盈萬，利兵壓之，唾手可決，請往討，因結山東英俊心，自封殖。」建成遂請行。黑闥敗洺水，建成問徵曰：「山東其定乎？」對曰：「黑闥雖敗，殺傷太甚，其魁黨皆縣名處死，妻子係虜，欲降無繇，雖有赦令，獲者必戮，不大蕩宥，恐殘賊嘯結，民未可安。」既而黑闥復振，廬江王瑗棄洺州，山東亂。命齊王元吉討之，有詔降者赦罪，衆不信。建成至，獲俘皆撫遣之，百姓欣悅。賊懼，夜奔，兵追戰。黑闥衆猶盛，乃縱囚使相告曰：「褫而甲還鄉里，若妻子獲者，既已釋矣。」衆乃散，或縛其渠長降，遂禽黑闥。

帝晚多內寵，張婕妤、尹德妃最幸，親戚分事宮府。建成與元吉通謀，內結妃御以自固。當是時，海內未定，秦王數將兵在外，諸妃希所見。及洛陽平，帝遣諸妃馳閱後宮，見府庫服玩，皆私有求索，爲兄弟請官。秦王已封帑簿，及官爵非有功不得，妃媛曹怨之。會爲陝東道行臺，有詔屬內得專處決。王以美田給淮安王神通，而張婕妤爲父丐之，帝手詔賜田，詔至，神通已前得，不肯與。婕妤妄曰：「詔賜妾父田，而王奪與人。」帝怒，召秦王讓曰：「我詔令不如爾教邪？」他日，謂裴寂曰：「兒久典兵，爲儒生所誤，非復我昔日子。」秦府屬杜如晦騎過尹妃父門，恚其傲，率家童捽毆，折一指。父懼，即使妃前訴秦王左右暴其父，帝不察，大怒，詰王曰：「兒左右乃凌我妃家，況百姓乎？」王自辨曉，訖不置，繇是見疏。帝召諸王燕，秦王感母之不及有天下也，偶獨泣，帝顧不樂，妃媛因得中傷之，爲建成游説曰：「海內無事，陛下春秋高，當自娛，秦王輒悲泣，正爲嗔忌妾屬耳。使陛下萬歲後，王得志，妾屬無遺類。東宮慈愛，必能全養。」乃皆悲不自勝。帝惻然，遂無易太子意。

突厥入寇，帝議遷都，秦王苦諫止。建成見帝曰：「秦王欲外禦寇，沮遷都議，以久其兵，而謀篡奪。」帝寖不悅。

初，帝令秦王居西宮承乾殿，元吉居武德殿，與上臺、東宮晝夜往來，皆攜弓刀，相遇如家人禮。由是皇太子令、秦齊二王教與詔敕雜行，內外懼，莫知所從。建成等私募四方驍勇及長安惡少年二千人爲宮甲，屯左右長林門，號「長林兵」。又令左虞候率可達志募幽州突厥兵三百內宮中，將攻西宮。或告於帝，帝召建成責謂，乃流志巂州。

華陰楊文幹素凶詖，建成昵之，使爲慶州總管，遣募兵送京師，欲爲變。時帝幸仁智宮，秦王、元吉從，建成謂元吉曰：「秦王且徧見諸妃，彼金寶多，有以賂遺之也。吾安得箕踞受禍？安危之計決今日。」元吉曰：「善。」乃命郎將尒朱煥、校尉橋公山齎甲遺文幹，趣興兵。煥等懼，至豳鄉白反狀，寧州人杜鳳亦上變。帝遣司農卿宇文穎馳召文幹，元吉陰結穎，使告文幹，文幹遽率兵反。帝以建成首謀，未忍治，即詔捕王珪、魏徵及左衛率韋挺、舍人徐師謩、左衛車騎馮世立，欲殺之以薄太子罪。乃手詔召建成，建成懼，不敢往。師謩勸遂舉兵，詹事主簿趙弘智諫建成損車服，輕往謝罪。乃詣行在所，未至，屏官屬，徑入謁，叩頭請死，投身於地，不能起。帝怒，夜囚幕中，使兵衞守。會文幹陷寧州，帝驚，以宮近賊，夜率衞士南趣，山行十餘里，明乃還宮。召秦王問計，對曰：「文幹豎子耳，官司當即禽之，就使假刻漏之久，正須遣一將可辦。」帝曰：「事連建成，恐應者衆。爾自行，還，吾以爾爲太子，使建成王蜀，蜀地狹，不足爲變，若不能事汝，取之易也。」秦王率衆趣寧州，文幹爲其下所殺，以其首降，執宇文穎送京師。秦王之行，元吉及內嬖更爲建成請，封德彝亦陰說帝，由是意解，復詔建成居守，但責兄弟不相容，而謫王珪、韋挺、天策兵曹參軍杜淹於遠方。然怨猜日結。

建成等召秦王夜宴，毒酒而進之，王暴疾，嘔血數升，淮安王扶掖還宮。帝問疾，因敕建成：「秦王不能酒，毋夜聚。」又謂秦王曰：「吾起晉陽，平天下，皆爾力，將定東宮，爾亟讓，故成而美志。又太子立多歷年，吾重奪之。觀而兄弟終不相下，同在京師，忿鬩且深。爾還洛陽行臺，自陝以東悉主之，建天子旌旗，如梁孝王故事。」王泣曰：「非所願也，不可遠膝下。」帝曰：「陸賈，漢臣也，猶遞過諸子，況我天下主，東西兩宮，思汝即往，何所悲邪？」王將行，建成等謀曰：「秦王得土地甲兵，必爲患；留之京師，一匹夫耳。」因密使人說帝，言「秦王左右皆山東人，聞還洛，皆洒然喜，觀其意，不復來矣」。事果寢。

俄而突厥寇邊，太子薦元吉北討，欲因其兵作亂。長孫无忌、房玄齡、杜如晦、尉遲敬德、侯君集等勸秦王先圖之。王乃密奏建成等與後宮亂，因曰：「臣無負兄弟，今乃欲殺臣，是爲世充、建德復仇。使臣死，雖地下，愧見諸賊。」帝大驚，報曰：「旦日當窮治，而必早參。」張婕妤馳語建成，乃召元吉謀，曰：「請勒宮甲，託疾不朝。」建成曰：「善，然不共入朝，事何繇知？」遲明，乘馬至玄武門，秦王先至，以勇士九人自衞。時帝已召裴寂、蕭瑀、陳叔達、封德彝、宇文士及、竇誕、顏師古等入。建成、元吉至臨湖殿，覺變，遽反走，秦王隨呼之，元吉引弓欲射，不能彀者三。秦王射建成即死，元吉中矢走，敬德追殺之。俄而東宮、齊府兵三千攻玄武門，閉不得入。接戰久之，矢及殿屋。王左右數百騎至，合擊之，衆遂潰。帝謂裴寂等曰：「事今奈何？」蕭瑀、陳叔達曰：「臣聞内外無限，父子不親，失而弗斷，反蒙其亂。建成、元吉自草昧以來，未始與謀，既立，又無功德，疑貳相濟，爲蕭墻憂。秦王功蓋天下，内外歸心，立爲太子，付軍國大務，陛下釋重負矣。」帝曰：「此吾志也！」乃召秦王至，尉撫之曰：「朕幾有投杼之惑。」秦王號泣不能止。

建成死年三十八。長子承宗爲太原王，早卒；承道安陸王，承德河東王，承訓武安王，承明汝南王，承義鉅鹿王，皆坐誅。詔除建成、元吉屬籍。其黨疑懼，更相告，廬江王瑗遂反。乃下詔建成、元吉、瑗支黨不得相告訐，由是遂安。太宗立，追封建成爲息王，謚曰隱，以禮改葬，詔東宮舊臣皆會，帝於宜秋門哭之，以子福爲後。十六年，追今贈。

宇文穎者，代人。自李密所來降，爲農圃監，封化政郡公。性貪昏，與元吉厚善，故豫文幹謀。事敗，帝責曰：「朕以文幹叛，故遣卿，乃同逆邪？」穎無以對，斬之。

衞懷王玄霸字大德。幼辯惠。隋大業十年薨，年十六，無子。武德元年，追王及謚，又贈秦州總管、司空。以太宗子泰爲宜都王，奉其祀，葬芷陽。泰徙封越，更以宗室西平王瓊子保定嗣。薨，無子，國除。

巢剌王元吉小字三胡。高祖兵已西，留守太原，封姑臧郡公，進齊國，總十五郡諸軍事，加鎮北將軍、太原道行軍元帥。帝受禪，進王齊，爲并州總管。

初，元吉生，太穆皇后惡其貌，不舉，侍媪陳善意私乳之。及長，猜鷙好兵，居邊久，益驕侈。常令奴客、諸妾數百人被甲習戰，相擊刺，死傷甚衆。後元吉中創，善意止之，元吉恚，命壯士拉死，私謚慈訓夫人。

劉武周略汾、晉，詔遣右衞將軍宇文歆助守。元吉喜鷹狗，出常載罝罔三十車，曰：「我寧三日不食，不可一日不獵。」夜潛出淫民家，府門不閉。歆驟諫，不納，乃顯表於帝曰：「王數出與竇誕縱獵，蹂民田，縱左右攘奪，畜產爲盡。每射於道，觀人避矢以爲樂。百姓怨毒。不可與共守。」有詔召還。元吉密諷民詣闕請，乃得歸。武周以五千騎屯黃蛇嶺，元吉使將軍張達以步卒百人嘗寇，達辭兵少，彊之，至則盡沒。達怒，導武周陷楡次。元吉保祁，賊急攻之，遁還幷州，賊張甚。元吉紿司馬劉德威曰：「公以老弱守，吾率銳士拒賊。」因齎寶物、攜妻妾夜出，委軍奔京師，幷州陷。帝怒，自是嘗令從秦王征討，不復顓軍矣。

尋授侍中、襄州道行臺尚書令、稷州刺史。秦王圍東都，竇建德來援，王以精騎逆戰，留元吉、屈突通守，而世充易之，輒出兵；元吉設伏劫之，斬首八百級，禽其將。東都平，拜司空，賜衮冕服、鼓吹二部、班劍二十人、黃金二千斤，與太子、秦王得三鑪鑄錢。累進司徒，兼侍中、幷州大都督。

時秦王有功，而太子不爲中外所屬，元吉喜亂，欲幷圖之。乃構於太子曰：「秦王功業日隆，爲上所愛，殿下雖爲太子，位不安，不早計，還踵受禍矣，請爲殿下殺之。」太子不忍，元吉數諷不已，許之。於是邀結宮掖，厚賂中書令封德彝，使爲游說，帝遂疏秦王，愛太子。元吉乃多匿亡命壯士，厚賜之，使爲用。元吉記室參軍榮九思爲詩刺之曰：「丹青飾成慶，玉帛禮專諸。」元吉見之，弗悟也。其典籤裴宣儼免官，往事秦府，元吉疑事泄，鴆殺之。自是人莫敢言。秦王嘗從帝幸元吉第，伏護軍宇文寶寢內，將以刺王，太子固止之，元吉慍曰：「爲兄計，於我何害？」

突厥郁射設入圍烏城，建成薦元吉北討，乃多引秦王府驍將秦叔寶、尉遲敬德、程知節、段志玄與行，又籍秦府精兵益麾下。帝知之，不能禁。元吉承間密請害秦王，帝曰：「是有定四海功，殺之無名。」元吉曰：「王昔平東都，顧望不即西，散金帛樹私惠，豈非反邪？」帝不應。太子與元吉謀：「兵行，吾與秦王至昆明池，伏壯士拉之，以暴卒聞，上無不信。然後說帝付吾國，吾以爾爲皇太弟，而盡擊殺叔寶等。」率更令王晊密以謀告秦王，王召僚屬謀，皆曰：「元吉戾很，使得志，且不能事其兄。往者護軍薛寶以元吉字合之，其文成『唐』，元吉喜曰：『但除秦王，取東宮如反掌耳！』爲亂未克，已復傾奪，大王不蚤正之，社稷非復唐有。」秦王由是定計。

死年二十四。子承業爲梁郡王，承鸞漁陽王，承獎普安王，承裕江夏王，承度義陽王，並伏誅。貞觀初，改葬，追爵海陵郡王及謚。後改封巢，以曹王明嗣。

楚哀王智雲初名稚詮。善射，工書、弈。隋大業末，從建成寓河東。高祖初，建成走太原，吏捕智雲送長安，爲陰世師所害，年十四。武德元年，追王及謚。

母萬貴妃，性恭順，爲帝所禮，宮中事一一咨決。

三年，以太宗子寬爲嗣，又贈涼州總管、司徒。寬早薨，國除。貞觀二年，復以濟南公世都子靈龜嗣，歷魏州刺史，爲政威嚴，盜賊不發；鑿永濟渠，通新市，百姓利之。薨，子福嗣，降爲公。卒，子承況嗣，神龍中爲右羽林將軍，同節愍太子死于難。

荊王元景，武德三年始王趙，與魯、酆二王同封。貞觀初，累遷雍州牧。十年，徙封荊。

明年，詔荊州都督荊王元景、梁州都督漢王元昌、徐州都督徐王元禮、潞州都督韓王元嘉、遂州都督彭王元則、鄭州刺史鄭王元懿、絳州刺史霍王元軌、虢州刺史虢王鳳、豫州刺史道王元慶、鄧州刺史鄧王元裕、壽州刺史舒王元名、幽州都督燕王靈夔、蘇州刺史許王元祥、安州都督吳王恪、相州都督魏王泰、齊州都督齊王祐、益州都督蜀王愔、襄州刺史蔣王惲、揚州都督越王貞、幷州都督晉王治、秦州都督紀王愼所任刺史幷功臣令世世襲。

會長孫无忌等固讓，遂廢不行。徙鄜州。永徽初，進位司徒，賜實封至千五百戶。房遺愛謀反，坐子則與往還繫獄。時吳王亦抵罪，高宗謂大臣曰：「朕欲從公丐叔及兄死。」兵部侍郎崔敦禮曰：「陛下雖申恩，不可詘天下法。」遂賜死。久之，追封沈黎王，以渤海王奉慈子長沙嗣，降爲侯。神龍初，復王爵，以孫溢嗣〔一〕。薨，無子，國除。

漢王元昌，初王魯，累遷梁州都督，後徙封漢。有勇力，善騎射。數觸軌憲，太宗手詔誨督，乃怨望，附太子承乾，通饋謝。來朝京師，宿東宮，嘗有醜語；又見帝側有宮人善琵琶，乃曰：「事成幸賜我。」承乾許之，割臂血盟。事敗，帝弗忍誅，欲免死，高士廉、李勣等固爭不奉詔，乃賜死，國除。

酆悼王元亨，貞觀二年，授金州刺史，之藩，太宗憐其幼，思之，數遣使爲勞問，賜金盞以娛樂之。六年薨，無子，國除。

周王元方，武德四年始王，與鄭、宋、荆、滕四王同封。貞觀三年薨，無子，國除。

徐康王元禮性恭畏，善騎射。始王鄭，即授鄭州刺史。後徙王徐，遷徐州都督。爲絳州刺史，有治名，璽書勞勉，實封至千戶。永徽中，加司徒，兼潞州刺史。薨，贈太尉、冀州大都督，陪葬獻陵。

三子，茂爲淮南王，餘爵公。

茂險薄無行。初，元禮疾，姬趙有美色，茂逼烝之，元禮切責，茂恚，屛侍衞藥膳，曰：「爲王五十年足矣，何服藥爲？」以不食薨。茂嗣。上元中，事洩，流死振州。

神龍初，以茂子璀嗣，開元中，爲宗正員外卿。薨，子延年嗣。拔汗那王入朝，延年將以女嫁之，爲右相李林甫劾奏，貶文安郡別駕，終餘杭司馬，國除。永泰初，延年壻黔中觀察使趙國珍言諸朝，詔以其子諷嗣王。

韓王元嘉字元嘉。始王宋，後改王徐，爲潞州刺史。母昭儀，宇文述女也，寵於高祖，旣卽位，欲立爲后，固辭。元嘉以母寵故，特爲帝愛，後出諸子無及者。在潞時，年十五，聞太妃病，涕泣不食。居喪毁甚，太宗數尉勉。少好學，藏書至萬卷，皆以古文字參定同異。與弟靈夔友愛，燕見終日如布衣禮，閨門脩整，當世稱之。

貞觀九年，更封韓，遷滑州都督。高宗末，爲澤州刺史。武后得政，進授太尉，徙定州刺史，以霍王元軌爲司徒，舒王元名爲司空，滕王元嬰開府儀同三司，魯王靈夔太子太師，越王貞太子太傅，紀王愼太子太保，外示尊寵，而內將圖之。

垂拱中，元嘉徙絳州刺史，與子譔及越王子沖糾合宗室同擧兵，未發。會武后詔宗室朝明堂，元嘉遣使告諸王曰：「大享後，太后必盡誅諸王，不如先事起。不然，李氏無種矣。」乃爲中宗詔，督諸王發兵。沖卽以兵五千攻濟州，而諸王倉卒兵不至，遂敗。元嘉至京師，謀泄，后逼令自殺，年七十。詔改氏元嘉、魯王、越王爲「虺」。

元嘉六子。訓，潁川王，蚤卒。誼，武陵王。諶，上黨公〔三〕。譔，黃公，工爲辭章，孟利貞嘗稱其文曰：「劉隣之、周思茂不過也。」出爲通州刺史，辭疾歸，且謀應越王也。諶通音律，歷杭州別駕，與譔俱死。時籍沒者衆，惟沖、譔家書爲多，皆文句詳正，祕府所不及。

神龍初，追復元嘉爵土，以第五子訥嗣。薨，子叔璩嗣，歷國子司業。薨，子煒嗣。建中中，改王鄆。後懿宗以鄆王即位，復改嗣韓王云。

彭思王元則字彝。初王荆，出爲婺州刺史。貞觀十年徙王，爲遂州都督，以冠服奢僭免。久之，爲澧州刺史，更折節厲行。薨，贈司徒、荆州大都督，陪葬獻陵。高宗登望春宮，過其喪，哭之慟。

無子，以霍王子絢嗣，龍朔中，封南昌王。薨，子志暕嗣，開元中，爲宗正卿。

鄭惠王元懿，始王滕，貞觀中，出爲兗州刺史，徙王，歷鄭、潞、絳三州刺史，實封千戶。喜經術，數斷大獄，務寬平，高宗嘉之，璽詔褒錫。薨，贈司徒、荆州大都督，陪葬獻陵。

十子，長子璥嗣王，爲鄂州刺史。薨，子希言嗣，開元中，爲右金吾大將軍，再爲太子詹事。弟察言，生二子，曰自仙、翛。自仙爲楚州別駕，生夷簡。翛爲陳留公，生宗閔。璥弟琳，安德郡公，生擇言，擇言生勉。勉、宗閔、夷簡皆位宰相，別有傳，時稱小鄭王後，亦曰惠鄭王後，以別鄭王亮云。

霍王元軌，武德六年始王蜀，與豳、漢二王同封，後徙吳。多材藝，高祖愛之。太宗嘗問羣臣曰：「朕子弟孰賢？」魏徵曰：「臣愚不盡知其能，唯吳王數與臣言，未嘗不自失。」帝曰：「朕亦器之，然卿以爲前代孰比？」對曰：「經學文雅，漢河間、東平也。至孝行，曾、閔不能過。」帝由是遇益厚。詔納徵女爲妃。嘗從獵，遇羣豕，帝使射之，筈不虛彀，豕爲盡。帝撫其背曰：「爾藝過人，顧今無所施。方天下未定，得若豈不用乎？」

貞觀七年，爲壽州刺史。高祖崩，去官，毀瘠甚，服除，遂菜食布衣終身，至忌日，輒累晝不食。十年，徙王，歷絳、徐、定三州刺史，實封至千戶。所至閉閤讀書，以吏事委長史、司馬。謙愼未嘗與物忤。數引見處士劉玄平，爲布衣交。或問王所長於玄平，答曰：「無長。」問者不解，玄平曰：「人有短，所以見長。若王無所不備，吾何以稱之。」

突厥寇定州，元軌令開城門，偃旗幟，虜疑，不敢入，夜遁。州人李嘉運潛結賊，詔窮誅支黨，元軌以寇近且彊，人心危，但殺嘉運，餘無所詰，因自劾。帝喜曰：「朕固悔之。非王之明，幾失定州矣。」

王文操者，與賊戰，敗，二子鳳、賢更以身蔽父，得全，二子死。縣抑不爲言，元軌廉知之，遣使弔祭，上其事。詔贈鳳、賢朝散大夫，旌禮其閭。

元軌每朝，數上疏陳得失，多所裨正，帝尊重之，有大事，常密驛咨逮。帝崩，與侍中劉齊賢同知山陵事。元軌淹練故事，齊賢歎曰：「是非吾等及已！」嘗遣國令督封租，令請貿易取贏，答曰：「汝當正吾失，反誅吾以利邪？」不納。進司徒，出爲襄、青二州刺史。越王敗，坐嘗通謀，徙黔州，檻車載至陳倉，薨。

六子，緒爲江都王，純安定王，餘皆爵爲公。緒有名譽，爲金州刺史，誅。神龍初，並復官爵，以緒孫暉嗣王，開元中，爲左千牛員外將軍。

虢莊王鳳字季成。始王豳，爲鄧州刺史。俄徙王，歷虢、豫、青三州刺史，實封千戶。喜畋游，遇官屬尤嫚。使奴蒙虎皮，怖其參軍陸英俊幾死，因大笑爲樂。薨，贈司徒、揚州大都督，陪葬獻陵。

七子，長子翼嗣，爲平陽王。薨，子寓嗣。寓無子，爵不傳。次子茂融，以勇聞，垂拱中爲申州刺史。黃公譔與越王謀舉兵，倚以爲助。時詔諸王公赴東都，茂融私問所親高子貢，子貢報曰：「來必死。」乃稱疾不朝，以俟兵期。及得越王書，倉卒不能應，僚屬勸白其書，擢太子右贊善大夫，俄爲黨屬所引，誅。

中宗更以鳳孫邕嗣王，娶韋后妹，累遷祕書監，知隴右三使仗內諸廄。徙王汴。未幾，韋氏敗，邕殺其妻，送首於朝，議者鄙之。削爵，貶沁州刺史，不事。後復爵，還戶二百，累遷衞尉卿。薨，子巨嗣。

巨剛銳果決，略通書史，好屬辭。天寶五載，出爲西河太守。坐資給柳勣支黨，貶義陽司馬。明年，御史中丞楊愼矜得罪，其附離史敬忠與巨善，又坐免官，錮置南賓郡。召拜夷陵太守。

安祿山陷東京，玄宗方擇將帥，張垍言巨有謀，可屬大事。召至京師，楊國忠忌之，謂人曰：「小兒詎可使對天子？」踰月不得見。帝知之，召入禁中，對合旨，帝大悅，敕宰相與語，久不得罷，國忠怠，謂巨曰：「比來人多口打賊，君不爾乎？」巨曰：「誰爲相公手打賊者乎？」乃授陳留、譙郡太守，攝御史大夫、河南節度使。明日謝，帝驚曰：「何攝爲？」即詔兼御史大夫。巨奏：「方艱難時，賊多詐，有如陛下召臣，何以取信？」乃析契授之。

俄兼統嶺南何履光、黔中趙國珍、南陽魯炅三節度使事。時炅戰數屈，詔貶爲果毅，以來瑱代之。巨奏：「炅若能存孤城，功足補過，則何以處之？」帝曰：「卿隨所處置。」巨至內鄉，賊將畢思琛解圍走，遂趣南陽，貶炅白衣從軍，其暮，稱詔復職。

京師平，拜留守，兼御史大夫。明年，拜太子少師，兼河南尹、東畿採訪使。征乘牛之出入市者，斥所得佐用度，然稍自盜沒。其妃即張皇后從女弟，內不睦。巨選府縣官備使令，妃亦引蒲博少年分黨招貨賄，橈政事。宗正卿李遵素私張，發巨贓事，貶遂州刺史。會段子璋反，道遂州，巨倉卒不知所出，即迎謁，爲子璋所殺。

子則之，嗜學，年五十餘，尙執經太學，嗣曹王皐薦之。貞元二年，繇睦王府長史遷左金吾衞大將軍。坐與從甥竇申善，貶昭州司馬。

道孝王元慶，始王漢，後徙陳，出爲趙州刺史。貞觀十年，徙王，授豫州刺史，累實封千戶。時諸王奉給薄於帝子，至數窶乏，大臣莫敢言。十八年，黃門侍郞褚遂良爲太宗從容言之，不能行。高宗時，歷滑州刺史，以治績聞，數蒙褒賜。遷徐、沁、衞三州刺史。事母謹，及喪，請躬脩墳墓，詔不聽。薨，贈司徒、益州都督，陪葬獻陵。

九子，誘爲嗣，王臨淮，爲灃州刺史，坐贓削爵。更以次子詢之子徽嗣，終宗正卿。子鍊嗣，廣德中，亦至宗正卿。

鄧康王元裕，貞觀五年始王鄶，十一年徙王。始王及徙，皆與譙、魏、許、密四王同封。累實封至千二百戶。好學，善談名理，與典籤盧照隣爲布衣交。五爲州刺史，遷兗州都督。薨，贈司徒、益州大都督，陪葬獻陵。無子，以江王子廣平公炅嗣。薨，子孝先嗣，開元中，爲冠軍大將軍。

舒王元名，始王譙，後徙王。高祖之在大安宮，太宗晨夕使尙宮問起居，元名纔十歲，保媪言：「尙宮有品當拜。」元名曰：「此帝侍婢耳，何拜爲？」太宗壯之，曰：「眞吾弟也！」及長，矜嚴疏財，未嘗問家人生業。歷五州刺史，實封至千戶。子豫章王亶，治江州，有美政。高宗以元名善訓子，手詔褒美。又欲授元名大州，辭曰：「臣忝屬籍，豈以州郡爲仕進資邪？」治石州二十年，數游山林，有高蹈意。垂拱中，徙鄭州，境接東畿，諸王貴戚爲刺史者縱家人暴百姓，元名至，一革之，爲治廉威。進加司空。

武后時，亶爲丘神勣所構，繫詔獄死，元名坐遷利州，尋被殺。神龍初，詔復官爵，贈司徒。時少子鄅國公昭已卒，乃以亶子津嗣，開元中，爲左威衞將軍。薨，子萬嗣。薨，子藻嗣。

魯王靈夔，篤學，善草隸，通音律。初王魏，後王燕，爲幽州都督。已而徙王，實封至千戶。頻歷五州刺史，遷太子太師。垂拱元年，徙相州，坐與越王謀起兵，流振州，自殺。子詵，爲淸河王，早夭。藹爲范陽王，知越王必敗，自發其謀，得不誅。歷右散騎常侍，爲酷吏所害。神龍初，悉追復王爵，以藹子道堅嗣。

道堅方嚴有禮法，閨門肅如也。七爲州刺史，遷國子祭酒。開元中，選授汴州刺史、河南道採訪使。州據水陸都會，前後刺史多瀆利，唯道堅以淸毅稱。入爲宗正卿。薨，贈禮部尙書。子宇嗣，從玄宗至蜀，爲右金吾將軍。寶應初，皇太子子封魯王，更封宇爲嗣鄒王。弟道邃封戴國公，恭默自守，以脩山東婚姻故事，數任淸職，終尙書右丞。

江安王元祥，始王許，後徙王，四爲州刺史，實封至千戶。性庸遴，所至營財產無厭。時滕、蔣、虢三王皆貪暴，得其府官者惡之不願行，故時語曰：「寧向儋、崖、振、白，不事江、滕、蔣、虢。」元祥魁大，帶十圍，食兼數人。韓、虢、魏亦鴻偉，然不逮也。薨，贈司徒、并州大都督，陪葬獻陵。

七子，晫爲永嘉王，有禽獸行，誅死；晈爲武陽王，餘皆爵公，武后時，多及誅。晈子叢，以幼流死嶺表，葬南安，人號其冢爲「天孫墓」。中宗立，以從子欽嗣王，又以晈封絕，更取弟子繼宗嗣，既而以郡王不襲，降澧國公。

密貞王元曉，貞觀中爲虢州刺史，實封至千戶。徙澤州。薨，贈司徒、揚州都督，陪葬獻陵。

子穎嗣，爲南安王。薨，子勗嗣，早薨。神龍初，以穎弟亮養子曇嗣。開元五年，更詔元曉再從孫東莞郡公徹嗣，徙封濮陽郡王，歷宗正卿、金紫光祿大夫。

滕王元嬰，貞觀十三年始王，實封千戶。爲金州刺史，驕縱失度。在太宗喪，集官屬燕飲歌舞，狎昵廝養；巡省部內，從民借狗求罝，所過爲害；以丸彈人，觀其走避則樂；城門夜開，不復有節。高宗以書切責曰：「朕以王至親，不忍致于法，今署下上考，冀媿王心。」久之，遷洪州都督。官屬妻美者，紿爲妃召，逼私之。嘗爲典籤崔簡妻鄭嫚罵，以履抵元嬰面血流，乃免。元嬰慙，歷旬不視事。後坐法削戶及親事帳內之半，謫置滁州。起授壽州刺史，徙隆州，復不循法。錄事參軍事裴聿諫正其失，元嬰捽辱之。聿入計具奏，帝遷聿六品上階。帝嘗賜諸王綵五百，以元嬰及蔣王貪黷，但下書曰：「滕叔、蔣弟不須賜，給麻二車，助爲錢緡。」二王大慙。武后時，進拜開府儀同三司、梁州都督。薨，贈司徒、冀州都督，陪葬獻陵。

子十八人，長子脩琦嗣，爲長樂王，餘爵公。垂拱中，六人死詔獄。神龍初，更以少子脩信子涉嗣，開元中，授左驍衞將軍。薨，子湛然嗣，從玄宗至蜀，擢左金吾將軍。

校勘記

〔一〕以孫逖嗣　各本「逖」上原有「元」字，據本書卷七〇上宗室世系表、舊書卷六四荆王元景傳及册府卷二八四删。

〔二〕訓潁川王蚤卒誼武陵王諶上黨公　各本「蚤卒」二字原在「上黨公」下。按下文云「諶通音律，歷杭州别駕，與譔俱死」，不得言「蚤卒」。舊書卷六四韓王元嘉傳謂「元嘉長子訓，高祖時封潁川王，早卒」。「蚤卒」乃指訓，據改。